WUHAN WENKU

武漢文庫

武汉文库·英译文献辑

武漢文庫

江汉关十年报告

（1882－1931）

（英）穆和德 等／著　李策／译

WUHAN
PUBLISHING HOUSE
武漢出版社

（鄂）新登字 08 号
图书在版编目（CIP）数据

江汉关十年报告：1882—1931 /（英）穆和德等著；李策译 . — 武汉：武汉出版社，2022.6

ISBN 978-7-5582-5337-9

Ⅰ . ①江… Ⅱ . ①穆… ②李… Ⅲ . ①海关 - 史料 - 武汉 - 1882-1931 Ⅳ . ① F752.59

中国版本图书馆 CIP 数据核字（2022）第 100027 号

江汉关十年报告（1882—1931）
JIANGHANGUAN SHINIAN BAOGAO (1882-1931)

著　　者：（英）穆和德　等
译　　者：李　策
责任编辑：杨　振
装帧设计：刘福珊
出　　版：武汉出版社
社　　址：武汉市江岸区兴业路 136 号　　　邮　　编：430014
电　　话：（027）85606403　　85600625
http://www.whcbs.com　　　E-mail: whcbszbs@163.com
印　　刷：武汉市籍缘印刷厂　　　经　　销：新华书店
开　　本：787 mm×1092 mm　　1/16
印　　张：12.5　　　字　　数：180 千字
版　　次：2022 年 7 月第 1 版　　2022 年 7 月第 1 次印刷
定　　价：48.00 元

序

目前，我国正处在一个以改革开放为主要特征的伟大时代。大江上下到处涌动着改革开放的大潮，随着苏州、芜湖、九江、武汉、岳阳、重庆的对外开放，在今后一个时期内，长江流域将会成为我国经济发展中新的热点。作为华中重镇、湖北对外开放龙头的武汉市在这股扑面而来的开放浪潮中必将以其古风新韵展示在世人面前；同样，作为华中腹地对外开放产物和标志的武汉海关也一定会迎来它大建设、大发展的黄金时期，为支持武汉、湖北乃至整个华中地区的对外开放作出更大的贡献。

武汉关的前身是江汉关。1860 年《北京条约》签订后，汉口成为开放口岸。1862 年 1 月 1 日，江汉关诞生。

历史上的江汉关，除管理汉口的对外贸易外，在湖北境内还统辖宜昌、沙市两关，长江上中游的重庆海关、长沙海关、岳阳海关、九江海关、南昌海关一度纳入它的管辖范围。江汉关的职能包括货运监管、征税、港务、航运、邮政、气象等。

江汉关是旧中国走向半殖民地的产物，也是旧中国屈辱史的记录。江汉关历任税务司绝大多数为外国人，所有高级职员由洋人担任。同时，江汉关的设立，外国先进的管理方式和手段的引进，极大地促进了汉口对外贸易的发展。从 1865 年至 1895 年，汉口港的进出口贸易仅次于上海，位列全国第二。1895 年到 1931 年，进出汉口港的国际货轮每年均在 2300—2400 艘之间，年进口总吨位最高时超过 800 万吨。由此，汉口博得了“东方芝加哥”的美誉。

《海关十年报告》（江汉关）就是江汉关留给我们的极其珍贵的文献记录。它由穆和德等五任税务司执笔，全面记载了 1882—1931 年汉口对外贸易、政治、经济、文化、教育、城市建设、社会生活等各方面的发展、演进，是这半个世纪里汉口城市社会与经济发展的全景式图景。武汉市社会科学院的科研工作者在皮明庥副院长的主持下，多方寻觅资料，认真组织翻译，使这些为尘埃所覆盖的文献终于能与读者见面，我们表示由衷的感谢。同时，我们也相信，这些报告的问世不仅会为史学工作者所珍视，也必将对当今武汉关的建设提供有益的借鉴。

以浦东开发，三峡工程上马和武汉、黄石的相继对外开放为契机，长江流域已进入了一个大开放、大开发的重要历史时期。为了适应湖北对外贸易发展的需要，国家海关总署已批准在宜昌、沙市重建海关机构，在襄樊新建海关。此外，黄石和武汉国际机场的海关申请工作也正在抓紧进行。可以想见，20 世纪末 21 世纪初，以华中为依托，由四周新关所拱卫，武汉海关必将重现昔日“华中第一关”的历史风彩。

武汉海关关长　李世德

1993 年

前　　言

这本《海关十年报告（江汉关）》（此次出版改名为《江汉关十年报告（1882—1931）》）之所以能够付梓，首先要感谢上海社会科学院。那是1988年9月，我应上海社会科学院院长张仲礼之邀，赴沪参加上海社会科学院成立三十周年纪念和上海史国际学术讨论会。这个会开得很好，有丰硕的学术成果。特别是举行开幕式时，时任中共上海市委书记的江泽民同志到会讲话，后又在会议室中接见中外学者，勉励大家加强中外文化交流，参与上海史研究，推动上海社会和经济发展，斯情斯景，历历在目。这次会议的一个意外收获是在徐雪筠研究员、宋一雷同志热心帮助下，获得了《海关十年报告》（江汉关）的英文本。我在武汉一直觅而不得，而此次得到这个本子，怎能不喜出望外呢。

1990年，我将这个英文本交李策同志翻译。李策同志不辞辛劳，欣然命笔，卒能成稿，在翻译过程中，他遇到了不少困难，特别是一些人名、地名颇费斟酌。为此，他多次与我磋商，并求助于武汉海关的甘胜禄先生。现在终于完稿并面世，我也了却一桩心愿，颇感如释重负。

《海关十年报告》（江汉关），出自当年执掌江汉关业务的英人之手，其视角与立论未必准当，这是要读者善自甄别和取舍的。但它从1882到1931年，每十年作为一个时段，概述汉口开埠后的外贸、经济和社会，确实汇集了大量资料、数据，而许多资料、数据在国人著述或报刊中是没有的，因此弥足珍贵。

当前，武汉正在向国际性城市的目标迈进，《海关十年报告（江汉关）》的问世，不仅有助于我们研究近代武汉经济与社会，而且也为当今武汉国际性城市的建设提供了历史依据。重大的现实问题往往需要从历史的深度上进行论证，这对于把武汉建成国际性城市的跨世纪宏伟工程亦复如此。但愿本篇的问世能为此略尽绵薄之力。

皮明庥

1992年12月

目　　录

海关十年报告之一(1882—1891) …… 1
海关十年报告之二(1892—1901) …… 28
海关十年报告之三(1902—1911) …… 66
海关十年报告之四(1912—1921) …… 98
海关十年报告之五(1922—1931) …… 135
江汉关源流(甘胜禄) …… 171
译　后　记 …… 180

海关十年报告之一
(1882—1891)

(a) 汉口——汉水入江之口——位于湖北境内，具体方位是北纬30°34′，东经114°16′，汉水与长江的交汇地带。湖北与湖南同属两湖总督辖区。此时担任总督的是张之洞，在中国政坛是一颗冉冉升起的新星。湖南、湖北有时也并称湖广。在古代，湖北以楚北、楚南而驰名。它们构成楚王国的一部分，在一段时间里，楚国似乎囊括了长江流域的广大地区。楚国的历史始于3000年前（约公元前1115年）的成王时期，据说第一个国王是熊绎。公元前221年，楚国与秦、燕、赵、韩、魏、齐合并。

溯江而上，首先映入眼帘的看上去似一座公园，这里屹立着一排建筑精美的住宅，它就是英租界，欧洲侨民的居住区。再往上走，在同一边，你就可以看到汉口城，这里真正成为一个十分重要的地方还是近几年的事。从前的汉口，仅仅是汉阳县的一部分，只是由注入长江的汉水把两者分开而已。在长江右岸，与汉阳隔水相望的就是武昌城。汉口英租界前的长江水道宽大约1400码①，夏季水深50尺，水流湍急，流速3.5节，每秒水流量约35400吨。

武昌是湖广总督区的治所，与汉口只有咫尺之遥，因此，汉口对总督区政策的反应比起其他地区要敏感得多。有鉴于此，弄清过去十年哪些人担任过湖广总督是一件十分有意义的事——其重要性不仅在于该总督区范围辽阔，还在于它富饶的物产和在全国居中的地理位置。这十年里先后担任过湖广总督的有直隶总督的兄弟、现任两广总督李瀚章，已

---

① 1码＝0.914米。译者注。

故的涂宗瀛、盛京协统裕禄以及现任的张之洞。1889 年，张之洞由两广调任湖广，此人精力与才干过人，棉纺厂和钢铁厂傲然耸立的烟囱充分证明了这一点。这两个厂还没有投产，但已接近完工。钢铁厂设在汉阳，棉纺厂在武昌。

从战略上看，汉口似乎是清帝国最重要的港口。大型战舰可以从这里启航入海，同时长江两岸坚固的防御使敌舰难以深入。因此，汉口应是帝国船舶制造和兵工厂的适当选址。帝国的首都应放在它的西面，尽可能地接近十八省的中心，一个国家的首都不应建在边陲。

长江流域过去几年没有什么值得称道的地方。1891 年，武穴和宜昌两地发生骚乱，两名英国人在武穴丧生。在两地还屡次发生虐待外国妇女、儿童，破坏外国人财产的事件。汉口由于有外国士兵保护，以及总督措施得力，避免了骚乱的发生。虽然如此，去年夏，外侨的生活并不愉快，人们一直处于戒备状态。实际上没有什么值得担心，一旦事态恶化，所有外侨可以迅速登上往来这个口岸的轮船。

汉口及其周边对旅游者来说是颇具魅力的，不断有来此观光的旅行者可以作为证明。这十年里，先后有柔佛①大君和俄国亚历山大公爵（俄罗斯王位继承人）访问过此地。

过去十年，汉口的贸易额有很大增长。土产出口收入相当可观，但该埠大宗商品——茶叶——出口额却逐渐滑坡，同时，一项重要的进口品——外国鸦片——急速萎缩。就航运而言，现有十三艘汽轮定期往返于汉口与上海之间，五艘来往于该埠与宜昌。重庆的开放必然会进一步刺激汉口贸易的发展。

从上述引言我们可以得出这样一个印象，我们所考察的 1882—1891 年，本地区不是在衰退，恰恰相反，它是在不断改观和发展。

(b) 十年中汉口贸易净值相当可观，达到洋例 358000000 两。十年的第一个年头里，贸易总值比前一年下降了大约 11%，与 1880 年相比

① 柔佛：马来西亚之一邦，其首府在柔佛巴努。译者注。

下降幅度更大。但1880年和1881年是一则例外，其余九年与1882年相比只有微弱波动。所以汉口的贸易净值年均差不多为洋例36000000两。1891年为洋例38485145两，略好于上一年，增加了超过洋例2000000两。

1882年航运总吨位与1881年相比有所减少，这主要是由于1881年军事需要，大量江轮用于运送军队。1883年总吨位仍在下降，但海轮吨位有所改观。1884年，由于法国的报复，中国招商局轮船撤下本国国旗，代以美国星条旗。1884年茶市期间，菲力普号海轮遭到联合抵制。作为一个局外人，竟敢冒险与“联合会”的船只竞争茶叶运输，而“联合会”长期以来一直把持着中国的茶叶运输，它以凡是由该会船只运输茶叶其运费减少5%的优惠条件招徕顾客。这一规定使菲力普号在该埠停留了六周而一直找不到货源。三家主要轮船公司——印度—中国公司、中国航运公司、招商局——也达成协议提高运费，这使得1885年江轮吨位显著下降，究其原因是由于缺乏竞争，轮船跑的趟次越来越少，载货量越来越大。1886年，与江轮垄断相抗衡，两艘小货轮开始定期营运，从而使长江航运从数量到吨位都有较大幅度提高。这一年，三桅帆船和取得许可证的舢板运输吨位也增加了。在海运方面，“联合会”的轮船仍一枝独秀，但也有迹象表明这种状况不会持续太久。茶商们的不满情绪越来越大，抱怨不仅限于“联合会”泊港船只数量不足，特别是在急需的时候往往连不适当的数量也提供不了，对船主的利益也毫无顾及。1887年，“联合会”已显露出崩溃的迹象，商人们开始筹划自己的运输安排。一艘名叫共同号的船在茶市开始时下水，并很快装载货物第一次出航。紧接着峡谷号下水。1888年，到伦敦的运输业务对所有轮船开放。

这十年里装载茶叶直航伦敦的船只不断减少：1884年、1885年、1886年每年有14艘，1887年减少到10艘，1888年为7艘，1889年为6艘，1890年、1891年分别只有4艘。另一方面，运送茶叶到敖德萨的船只却在增加，1886年只有3艘，1887年有5艘，1888年、1889年有6

艘，1890 年、1891 年达到 8 艘。1890 年、1891 年从汉口启航直达敖德萨的船只是开往伦敦的 2 倍。

1890 年进出汉口港的轮船和货船总吨位是 1226980 吨，比 1889 年增加 146009 吨。1891 年又增加了 48690 吨。

从总体上看，该埠大宗商品茶叶贸易在转折性下降，尤其是 1886 年以后。1891 年的贸易量与 1886 年相比减少了大约 120000 担，与 1882 年相比减少了 20000 担。1886 年贸易量最大，茶叶出口创纪录地达到了 900000 担。1891 年，投放市场的茶叶只有很少一点没有售罄。

这十年的早些时候，当地茶商与外国买主间就茶叶计量问题发生过不少纠纷。1882 年茶市期间，一些茶商抱怨顾主在重量上采取“杀”卖主的方式。当然，问题是双方的。一方面，外国客户指责中国茶商在质量、包装方式等方面采取各种欺骗手段；另一方面，中方宣称买主采取各种手段敲诈勒索，外商支付的成本远不敷茶叶的重量。双方各执一词。中国人开始自行其是，1882 年初，当地茶商举行了一次秘密会议，拟订了一系列度量的规定，并决定选择一位外国人来仲裁；没有人对这些规则提出异议，也没有人反对仲裁，但是外国客户有一股反对这一规定的强烈情绪，在于他们被置于规则制定之外。1883 年茶市期间，规定开始生效，几家外国公司提出抗议，为了制造危机，中国人从一家公司收回了清单，这家公司正有一艘轮船停泊在港口等待装货。外国茶商举行会议，决定不向中国人屈服。正是外国茶商们在会议桌前消磨时光的这一天，被持有异议的俄国人捡漏，他们获得了质量上乘的茶叶。第二天，联合抵制的各个公司与中国茶商妥协，贸易继续进行。外国人被迫放弃了他们原先的立场，同意遵守中方的规定。

汉口茶叶出口的下滑无疑可归结为印度和锡兰茶叶产量的增加，很明显，它们的茶叶更适宜家庭消费。印度茶叶当然不及中国茶叶味道纯正，但一方面人们一般承认前者更易栽培，更好配制，味道更浓烈，融水量更大。对于后一点，贫困阶层非常欢迎，一点廉价茶叶可以冲制两三次，这种茶叶在市场上肯定畅销。另一方面，大家也承认，中国茶更易保存，因为大量水分已经被焙制蒸发，因此发酵过程被阻止，水分的提取意味着茶叶中的有害成分丹宁酸被消除，与印度茶相比，中国茶更有益健康。

安德鲁·克拉克先生有句名言："一杯使人兴奋又不至于陶醉的饮料是中国红茶。"安德鲁先生对其他各类茶的看法可以从他给伦敦医院研究人员所作的报告中得出。在这个报告中，他描述了对自己所检查过的病人是如何进行正确治疗的，反复强调最适合这种病情的饮食项目。他说："让病人有良好的膳食，饭后喝一杯牛奶和水或茶。这里有必要跟你们讲讲茶。茶是一种有保护作用的饮料。没有茶，我无法想象我该怎么活下去。但茶与茶之间又有很大不同，我脑海里浮现的是一种茶，是代表所有引起生理上邪恶感的东西。很多时候我到城里，四处巡诊，五点左右，我到了一家人屋里，房东太太对我说：'安德鲁先生，你看起来很疲惫，我替你沏杯茶吧。'我说：'谢谢。'茶泡过差不多半个小时，她说：'我知道你不喜欢喝浓茶。'然后就把一勺茶叶放到杯里，续满水。我说，这种请人品茶的方式简直残忍无比。我希望各位先生面前总能摆上这样一杯茶。茶的用处很大，而中国红茶更是凤毛麟角——印度茶对神经系统的影响力很大，如果你一大早就喝茶，神经系统会陷入紊乱，实际上进入一种陶醉状态。如果你们或者你们的病人要喝茶，又不致损坏身体并能提神，那就选用中国红茶，放适当的量——按常规是，每人每杯一勺——倒入开水冲泡。五分钟后倒出来，否则，非但无益反而有害。如果你们愿意的话，就让病人喝半品脱[①]牛奶或可口可乐和半品脱茶。"

关于印度茶和中国茶的制作方式记述很多，其程序最重要的差别是"辗"的过程。印度茶由机械辗制，辗得很轻。在中国，晾干的茶叶用小棉袋包起来，然后放到没有盖的盒子里，四周有很多小洞，一个人往盒子里用力压和揉制，主要由丹宁酸构成的绿色液体顺着小洞渗出。下一个步骤——发酵。印度茶叶的种植者很简单地把茶叶放在露天保存。而

① 1品脱＝0.568升。译者注。

中国茶，磨细后放在篮子里，盖上草席，在烤制前要放相当长一段时间。

汉口茶实际上有两个海外市场——英国和俄国。美国市场几乎完全为宁波茶、台湾茶、日本茶所垄断，澳大利亚主要从福州进口茶叶。汉口茶出口德国，一部分是直接输出，另外一些经英国转运。

紧随茶叶之后另一项最重要的出口产品是皮革。自1881年以来，皮革贸易一直保持着上升的势头。皮革价格每担徘徊在关平银8两到10两之间。这些皮革主要销往英国、德国和美国。1884年和1885年出口额增长幅度较大，1885年达到70000担。1886年减少了大约8000担，1887年进一步回落，减少了10000担。1888年回升到78000担。1889年又减少了大约24%，主要原因是这年10月的大水使皮革加工厂停工。汉口市场皮革主要来自湖北和邻省湖南。1888年，皮革大量来自四川，但这一年四川皮革商亏了本，因此他们不再敢贸然闯入这一市场。美国对汉口的皮革需求在减少，同时，德国需求量似乎在上升。

大黄是另一种呈上升趋势的贸易产品。这种作物从汉口始发，首先到广东，在这里稍事加工，改变它原来的外观，这样更易于到市场上销售。

烟草和烟草制品在这十年里也有较大幅度的提高——但烟叶不如烟叶制品。后者的出口在1891年比1882年增加了大约26000担。大量烟草出口英国。烟草质地越轻、越干燥，质量越好。色泽和干湿度是区分烟草品质的重要指标。正因为如此，在结关时，烟草重量比上市前含水分的烟叶要轻得多。这里和邻近地区无论气候还是土壤都适宜烟草种植。然而，迄今为止，种植主们对于生产适于出口国外市场的烟草的方式、包装、制作一无所知。最好的烟草据说产自湖南，湖南全境都适于烟草种植，而郴州的烟草又被视为是最好的。当地人只把硕大而新鲜的烟叶放在阳光下晒干就开始抽吸，而且芳香四溢。但对那些不习惯吸用它的人来说，似乎味道太浓，往往被弄得翻肠倒胃，尽管这些人可能习惯味道更浓烈的欧洲烟草。

大麻是这里用于出口的另一种土特产，贸易量上升很快。1891年出口超过 1882 年 34000 担。大麻主要运往汕头和广东其他地方，在那里制成麻布。一般人们所说的汉口大麻不是麻醉剂，而是质地上好的纤维。

十年里俄国的砖茶贸易有较大增长。1891 年出口总量为 255703 担。从事这项贸易的俄国公司是摩查诺夫·帕查特诺夫公司和托克马科夫·莫洛托科夫公司。从前大宗砖茶经樊城运往俄国的中亚地区。在俄国没有征收入境税时，这项贸易一度扶摇直上。不久，俄国开始对进入中亚的红茶征收沉重的关税，经这条线路的运输越来越困难，从运费上说也不划算，因为商队往往要花上两年的工夫才能到达目的地。现在与俄国土耳其斯坦地区①的砖茶贸易线路：首先由轮船运往天津，然后走陆路。从前经天津和蒙古运往俄国的茶叶现在运往了敖德萨。

最好的砖茶由一般的茶末配制而成。首先把茶叶放在棉布袋里用水蒸，然后放到木制模具里，其方法与烧制泥砖差不多，但模具要更牢靠，不要那么深。然后把模具用东西压上，压力维持到拿走东西后茶叶不能复原为止。这些似砖形的东西拿出来后，用一种常见的白纸包起来，体积只有原来的六分之一。它的运费每磅只需2.75便士，用竹制篓子盛装外运，每篓装 1～1.25担。砖茶较常见的形式是在中亚作为交换媒介。蒙古人在喝这种茶之前，用水把它煮开，这样茶叶利用率较高。煮一煮既不会破坏味道，也不致使香味挥发。

小京砖（Tablet Tea）1891 年的出口与 1890 年相比有所下降，和砖茶一样由俄属在汉公司生产。这种茶是由最好的茶末配制而成的，成本非常高，茶末每担价格为关平银 12～15 两。小京砖由蒸汽机生产。将2.5盎司晒干的茶叶倒入圆形铁筒里，尔后加上两吨重的压力。小京砖的制作和包装要求特别精细。当小京砖从模具中倒出后，首先把它用锡箔包起来，然后换用纸包，最后放到内侧镀锡的盒子里。这种产品主要销往俄国。

丝绸出口这几年增长幅度也较大。1891 年，汉口丝绸出口达到了一

---

① 指俄国中亚地区。译者注。

个可观的数字——洋例 2500000 两，与 1886 年相比，增长是惊人的，这一年丝绸出口值仅为洋例 350000 两。湖北和邻近省份的丝绸产量实际上没有限制。这里的气候对于桑树种植和桑蚕养殖尤为适宜，在法国和意大利，桑蚕的病虫害往往使农民的收成化为乌有，而在这里似乎不存在。

1890 年，煤炭出口量为 39796 吨，达到了历史最高水平。1891 年下降到 36119 吨，这一数字与 1882 年相比还是增长了大约 150％。实际上，从汉口运出的煤全部由湖南生产。这一很有价值的矿产在湖南多山地区差不多都已探明。但煤炭开采用于外销只有便近水路才行——陆路运输超过 20 里就不能盈利。质量最好、产量最大的煤炭基地是耒河，即湘江的一条支流。耒河两岸蕴藏着大量的优质煤，开采方便。这是一个多山的地区，煤层从一侧贯穿到另一侧山体，且有一定的倾斜度，矿井排水也容易，这样首先在最低的一边开采，逐渐向上延展。开采出来的煤依坡往下流淌，然后运往河边的煤栈，卖给船主，每吨大约1.5元。汉口成为这些煤船的集结地。在这里，煤倒手到商人手里每吨大约 4～5 元。据说从事这项贸易的船只有 10000 艘，一个来回需要一个月，有的船主在短时间里就发了财。如果不严格限制特定时间里船只往返的次数，船主要么迅速暴富，要么煤价会迅速走低。

这十年里清漆的出口增加了大约 50％，1891 年出口量为 9900 担，1882 年只有 6700 担。汉口的清漆是树胶。天明前在树干上刻下一个缺口，渗出的漆胶就可以收集起来，为了净化它，会用一个棉袋进行过滤。过滤必须在晚上，在干燥的环境中进行。如果有光或空气潮湿，会使液体凝固。做漆只能在潮湿的天气里，如果空气干燥，清漆会一直呈黏性。在干燥过程中，清漆有损人体健康，对眼睛尤为有害。

1885 年，云南锡首次出现在我们的报告里。这年出口量为773.17 担，1886 年为4407.42担，1891 年只有 1460 担。递减的原因是磅逊[①]已成为云南锡矿的一个出口，另外不少云南锡矿通过东京（越南一省）和

① 磅逊，今称西哈努克港。译者注。

缅甸的渠道外输。云南锡矿由一家公司开采，政府委派一名高级官员负责经营。

令人惊叹的是另一种新商品黄豆也进入出口领域。1889 年黄豆开始运销镇江，这一年的出口量达到了 420000 担，1888 年在我们的各项收入中还未见这一商品。对黄豆需求的突然猛增是由于黄河洪灾致使中国北方黄豆歉收。此后需求量迅速回落，1891 年只有 62807 担。

稻米出口量波动性很大。1886 年前这里根本没有稻米出境，正是这一年，由于浙江水稻减产，80000 担稻米突然拥入出口领域。出口的稻米大多用帆船运往宁波。1887 年开始下降，1888 年萎缩到大约只有 900 担，1889 年又有所回升；1890 年达到高峰，为 443000 担，这次的上升是由北部洪水和江苏稻谷减产造成的。从汉口出境的大多数稻米和其他产品一样产自湖南。湖南出产的稻米与汉口周边的相比，质量好很多，而且这些稻米绝大部分生产于湘江流域。与洞庭湖接壤的四周低地以及湖南山谷地带水源充沛，灌溉便利，是种植水稻的理想场所。

纸张出口，尤其是二等纸的出口量呈明显上升趋势。这项贸易在这十年里翻了一番，1891 年达到 28786 担。这里的纸张原料是竹子，把竹子放到装有石灰和水的坑里腐烂发酵，然后用水力驱动的机械将它打成泥浆。竹子一般产于不易种植其他作物的山地，在山区水力资源十分丰富。因此，纸张是湖南和湖北多山地区的特产，前者尤甚。出口的牛皮纸中，质量最好的也要比产自江西、福建的要差很多，但价格便宜，它们大量用于印刷廉价书。

木材贸易主要由中国帆船进行。木材通过中国海关，最终出现在我们的报告里，传达了关于汉口出口的一个并不完善的意象。大量木材从湖南顺流而下，在汉口开始分散，进入长江下游各城市。这些木料主要产自瑶族人居住的湖南南部和西南地区。瑶族人十分重视木材生产。春天，大批商人进入瑶族人定居的山区，买到木材后，编成小木排，顺江而下漂到洞庭湖。在那里再把木材编成大木排，在湖区度过冬天后，运抵汉口。如果还想继续前进的话，在汉口再对木排进行整编。马加里在他的《旅行》中谈及这些饶有情趣的木排景观，他说："从不远处看去，它们看起来像漂浮的村庄，上面有快乐的居民；到近处看时，你不禁会钦佩这些精巧的建筑。很长一排木料紧紧地编在一起，组成一个宽敞结实的木筏，在它中间修建有一些整洁的小屋，全体人员就居住在里面。木筏的头修成尖状，船尾设有瞭望台，控制舵位。波涛汹涌的江水让木筏急速下行，但船上还是装备了由 10 到 12 人才能摇动的大浆……一般情况是三四个这样的木排结伴而行，一个接一个成为一长串，相互联系的手段是一条 5 人驾驶的小木排，行使着一艘小船的功能，看上去像一只长腿飞鸟不时在水面掠过。"

在山区，一棵树只值 30～50 个铜板，到了汉口就能卖到 1 元；但应该看到，商人到乡村买树木，运到汉口，然后上市推销，要花上 3 年工夫。在这项贸易中，商人冒着极大的生命和财产风险，巨额利润无可厚非。

白蜡的出口总的说来是在减少，尤其是这十年的最后五年。有两个事实可以用来解释其中的原因：其一，中国人增加了煤油的使用，使蜡烛需求量降低；其二，在英国，石蜡和电日渐得到广泛的使用，从而使上海白蜡价格低于成本。这种产品如果不能找到其他节约成本的生产方式，也不能开拓其他用途，白蜡贸易有可能寿终正寝。黄蜡的出口前景也不容乐观。

汉口进口贸易一个令人瞩目的特点是煤油和外国棉纱进口量明显增长，外国鸦片的输入显著减少。这十年，煤油贸易增长了 12 倍；首尾两年的贸易量分别为 483994 加仑和 5754028 加仑。后一个数字中有 5000000 加仑产自美国，主要是被称为"德沃尔辉煌"的那种，非常好，但多少有些不好的名声，它相对便宜，在汉口，2 元可以买两听。其余的 750000 加仑是俄国货，其中大部分由巴库生产，油价与美国一样；但它的照明效果较差，且不易点燃。我们有充分理由相信煤油贸易在上升，除 1888 年和 1889 年外，数据表明增长是持续的，且幅度较大，其中两年的低谷是因为对油的使用不小心，在汉口以及邻近的汉阳、武昌引起了火灾，致使很长一段时间内当地官方发布一个又一个文告，禁止使用煤油；一旦禁令部分取消，进口量将再度回升，并保持持续增长的势头。

1889年前，从上海进口棉花一直有增无减，显示出它有可能发展成为一项可观的贸易；也正是这一年，这项贸易开始降温，上海棉花的地位逐渐为外国棉纱所取代，尤其是印度产品。1891年，外国棉纱进口量高达70000担，其中50000担来自印度。

鸦片的对外贸易在（d）部分下单独处理。

土产进口的另一项是蔗糖，总的来看，有一定的增长，1891年比1882年高出了84%。进入汉口的糖，十分之三来自外国、香港和马六甲海峡，其余十分之七由汕头提供。1891年的情况是，外国糖128312担，本地糖357190担。实际上大量贴有外国标签的蔗糖在中国生产，只是运到香港加工，然后以外国糖的面貌出现。

（c）关于收入问题，我想事先作一点评述，以期引起大家对这样一个事实的关注，在长江现行贸易体制下，我们从进口中聚敛不到什么，一个好的收入年景可能意味着贸易糟糕；要么是伦敦市场茶叶积压，要么是投机商们无利可图。另一方面，可能是茶叶出口不景气，外国商品大量拥入，我们也会一无所获。因此，海关收入不大，可能意味着进口数额相当可观，尽管在中国的商人从中不一定能尝到什么甜头，至少对曼彻斯特人或新英格兰企业家来说是有利的。

1883年与1882年相比，收入减少了洋例33958两，主要体现在出口税和沿海贸易税两个方面。鸦片税也减少了，但吨位税和运输税有了决定性的改观。1884年的总收入超过1883年洋例40000两，这一超出部分主要来自汉口茶叶出口贸易扩大的税收，所以我们推想总的贸易情况保持着一个平均数。1885年，由于汉口茶叶出口回落，总收入比1884年减少了洋例32000两。1886年，茶叶出口扩大，收入情况比1885年要好。1887年形成了一个小高潮，这年的收入超过1886年洋例45000两。1888年创十年历史最高纪录，总收入达到洋例2103435两，这主要得益于出口税和鸦片税。1889年和1890年运往上海的茶叶不如以往，出口税减少，影响了这两年的收入。1889 年减少了洋例 90000 两，1890 年减收更为严重，达到洋例 155000 两。1890 年，运输量和吨位有很大增加。1891 年，由于当地产品向中国其他口岸输出减少，运输业萎缩，年景不佳，减收达洋例 33000 两。

（d）从 1887 年 2 月 1 日起，海关开始实施固定税率的厘金制度（每担关平银 80 两）。从此，鸦片每年的入境开始减少。1887 年鸦片进口量为 1264 担，1888 年为 1161 担，1889 年为 931 担，1890 年、1891 年两年都是 738 担，与 1887 年相比减少了 42%。其中主要原因是厘金的统一，许多商人从汉口迁往九江。从前这里的地方政府为了鼓励贸易，所确定的汉口鸦片过境税率比九江低，更低于目前确定的税率，所以地方上的商人愿意到这里而不愿到九江去做这项生意。现在两地的税率拉平了，征税又逃脱不了，跑到汉口就捡不到什么便宜，因此，21 个鸦片贩子便从汉口迁往九江。鸦片入境减少还有一个原因是本国鸦片质量的提高，尤其是四川和湖北的烟土逐渐赢得了人们的喜爱，而且本国鸦片与印度鸦片相比价格低廉，数量与日俱增。对于罂粟，地方官僚不但不予限制，反而加以扶植。毫无疑问，本国出产的鸦片交易在扩大。在我看来，外国烟土尽管还没有绝迹，但总的趋势在减少。在中国，公班土似乎正在逐步取代白皮土，这一点可以从下列数据中看出。最近五年里外国烟土进入汉口港的情况如下：

表 1—1 1887—1891 年外国烟土进入汉口港情况一览表

年份	白皮土(担)	公班土(担)	喇庄土(担)	熟膏(担)
1887	1135.58	128.40	—	0.03
1888	970.10	190.10	—	0.70
1889	700.50	230.40	—	0.48
1890	512.50	225.60	—	0.10
1891	481	255.60	1.20	—

外烟每担大致价格：陈土关平银 712 两，新白皮土 640 两，公班土 416 两，新熟土 1168 两，陈熟土 1600 两。

国产烟土中以四川烟最受人欢迎，原因一是质量好，二是价格便宜。据估算，汉口使用的鸦片 70%是本国生产。遗憾的是令人信服的统计数据还难以得到，但各种烟土的销售价格我们是清楚的：云南烟每担关平银 334 两，贵州烟 425 两，四川烟 304 两，陕西烟 278 两，河南烟 249 两，湖北烟 211 两。最后一种烟产量较少，由于它的味道浓烈，需求量很有限。这里的鸦片贩子常常抱怨这行生意无利可图，有时还亏本。

（e）该埠金融市场的一个主要特点是本地商人逐渐增强了对外国银行（主要是汇丰银行）的信任。外国银行的大多数业务仅限于与茶叶和其他土特产出口相关的现金交易，其原因在于前几年贵金属的大量流入。最近越来越多的本地钱庄更愿意以外国银行的汇票向上海汇款，使自己成为外国银行名下的客户，这足以解释贵金属的外流在减少。

在这十年之初，中国人对外国银行的纸票是缺乏信任感的，这种纸票现在已越来越多地受到本地钱庄和商人们的欢迎。毫无疑问，它已成为一项重要的贸易辅助手段。没过多久，本地钱庄也开始发行纸票，但主要限于本地流通。

汉口大钱庄的数量这十年在急剧减少，十年前有 40 家，现在只有 24 家。据说这 24 家银行的业务十年里至少清淡了 20%。究其原因是由于投资茶叶贸易严重亏损，信誉受到影响。大茶行分崩离析，小茶庄如雨后春笋涌现。为了给小茶行融通资金，应运而生的小钱庄在汉口及其附近大约有 500 家，是十年前的两倍。因此大钱庄数量的减少由于小钱庄的增加而平衡。竞争的结果是，利息比十年初平均降低了约 20%。然而，有关金融业的详细资料我们却难以从地本钱庄那里获得。

美元的价格一直稳定在71.5分银，规银与洋例的汇兑在2.5%～3.25%之间溢价。3.06%的折扣实际上是银锭从上海运到这里的实际成本。一个值得注意的情况是，旧的含金银锭在市面上流通得越来越少，由于它可以提取黄金，因而成为本地银行多方搜集的对象。

从我提供的下列表格中人们可以看出关平银每年与英国货币的兑换比值。

表1—2 1882—1891年关平银与英国货币兑换比例一览表

年份	关平银兑换值		年份	关平银兑换值	
	英国货币	铜钱		英国货币	铜钱
1882	5先令7.125便士	1689	1887	4先令11.125便士	1644
1883	5先令6.5便士	1721	1888	4先令8便士	1626
1884	5先令6便士	1724	1889	4先令0.875便士	1610
1885	5先令2.75便士	1724	1890	5先令2.125便士	1562
1886	4先令11.25便士	1650	1891	4先令11.125便士	1560

（f）下面这份表格是这十年里进出汉口的各种商品的比较值：

表1—3 1882—1891年进出汉口的各种商品比较值一览表

外货入口净值	115664750(洋例)
土货进口净值	59564173(洋例)
进口净值	175228923(洋例)
在汉口支付的厘金和扣除的关税	545028(洋例)
进口净值(扣除关税)	174683895(洋例)
7%的进口商利润	12227872(洋例)
进口净值(上岸时的价值)	162456023(洋例)
原出口值	182761340(洋例)
在汉口支付的关税	17557522(洋例)
出口(含关税)	200318862(洋例)
8%的出口商利润	14620908(洋例)
出口(上船时的价值)	214939770(洋例)

(g) 从中国人的观点看，汉口正在稳步地发展成为一个巨大的商业都会。老城厢的土地越来越昂贵。太平天国失败后，土地购买十分容易且价格便宜；以后价格不断上升，中国人确信，现在汉口的地价已经达到了反叛（指太平天国）前的水平。城区人口毫无疑问在增加，但在这方面还没有得到可靠的资料。人口的构成、特征及其职业没有什么太大的变化。总督区工厂的兴办为城区市民开辟了新的就业门路，也为吸引外省有才学之士提供了重要手段。

至于外国人，他们的构成、特征、职业没有任何程度的变化。就人数而言，租界区的人口是在增加。俄国侨民与 1882 年相比翻了一番。由于邻近地区局势的动荡，仅去年一年就有大批教士流入汉口。

(h) 十年里，租界区无论是市政还是其他方面都没有什么改观，说老实话，也没有改进的余地。尽管如此，还是兴修了几条马路，几条老路得到翻新，几块传播疾病的低地被填平。

英国领事馆门前的一片荒地已被开垦出来，在领事馆北面新修了一条与外滩成直角的马路。这两项改造工程是由工部局主持的，为此，英国政府捐赠了 300 英镑。

法国正在跑马场外围旧领事馆原址上兴建新馆。

这十年里主要的公共工程就是新盖了一座警察署。这的确是一幢十分漂亮的建筑，它位于租界的南端，面向堤岸，背靠汉口城，1891 年 3 月竣工。

(i) 本地区的河床在这十年里没有什么变化。武穴下游 7 英里处的新洲（The Hunter Island）曾是这一地区冬季航行的巨大障碍，现在已有较大改观。新洲北岸的“弧形河槽”已很少启用。

戴家洲的冬季河槽最近变得越来越棘手。由于附近水流极不规则，洲头时隐时现。

湖广水道的大水这十年里在罗口（Lokoli Reach）地段吞噬了大片农田，1885 年和 1886 年因河道太浅，江轮无法通过。幸运的是，在水道南端找到了一条新的水道，即中矶罐的对岸，这里河道最浅处也有

28～30英尺。新水道上有两处矶石，在它们的上面已作好了标志。在河道下水处还装上了航标灯。

这一地区和整个长江下游一样，夏季巨大的洪水裹挟着泥沙顺流而下，使河道变化莫测。1886年冬，在外国侨民居住地附近的河道中形成了一个很大的沙洲，引起商人、船主及其他对运输业感兴趣的人们的焦虑。轮船再也不能靠岸装货，各种驳船和浮桥不得不移走。幸运的是沙洲不久被河水冲刷掉了，此后再也没有重现。但也不能排除在同一地点再次形成沙洲的可能性，因为这里与汉水毗邻。

在租界下游，与汉口城墙平行，每年夏季便形成一个沙滩，不几年工夫，沙滩越积越大，给大型船舶的通行增添了不少麻烦。1891年上半年有三四周，这里水深只有8英尺。

(j) 1882年，航标灯首次在汉口周边出现，它位于黄石港下游1.5英里处。灯是红色的，用以指导船只绕开暗礁。

1886年，武穴上游7英里处的鲤鱼山第一次装上了航标灯，灯呈白色。从前为了标示这个地方，在一个叫黄林洲的地方兴建了灯塔，灯塔兴建在陡峭的悬崖之上，这个沙洲现在快要消失了。

1891年，汉口下游大约14英里处的阳逻小镇附近临时安装了一只白炽灯，现在已永久固定在那里了。

1886年初在湖广冬季水道里发现了暗礁，于是在那里配置了一艘灯船，并修建了灯塔，这些灯后来为岸边的导航灯所取代。枯水期暗礁旁做了浮标。

(k) 幸运的是该省不愉快的事情不算多。在汉口、汉阳、武昌，火灾不断，尤其是春节期间，人们很少采取措施去扑灭大火，而是让其自生自灭，少得可怜的救火车根本扑灭不了大火。火灾酿成的人员伤亡和财产损失十分惨重。1890年9月，一场大火烧毁了汉阳上游大约2英里处的一个村庄，整个村子被毁，约200人丧生。大火开始于子夜，一间小屋杉木着火，杉木燃烧后正好遇上了强大的东北风，火随风势迅速蔓延。这个村子四面环水，毫无逃生之处，不少人淹死，另外一些人葬身火海，还有一些人被践踏致死。在租界里，只有1883年发生过一起火灾，这场大火起于一座俄国洋行，但很快被扑灭，未造成大的损失。

1884年，人民不满的迹象已十分明显，一场反叛似乎就要来临。但官方迅速出击，处决了几名首恶分子，暴尸于大街，和平得以维持。然而，骚乱期间，成千上万的居民惊慌四散。由于这一事件发生在3月28日，因此被人们称为“三二八”事件。

1891年6月6日，在武穴爆发了民众骚动。武穴位于汉口下游130英里处，是一座滨江小镇。在这次暴乱中有两名外国人——海关官员格林、传教士阿根特先生被杀。两三名英国传教士的夫人也遭到围攻，伤势严重。

十年里这里共发生水患四次——1882年、1887年、1889年、1890年。1889年的洪水值得一提。一般情况下大水开始于七八两月，9月份结束，但1889年大水直到10月才漫过大堤，10月14日达到高峰。洪水所到之处成为一片废墟，无数房屋化为瓦砾，成千上万的人挣扎在死亡线上，在大水中丧生者更难以计数。英国领事馆前的马路上水深达3英尺，威尼斯的生活方式在这里再现，外国人不得不借助舢板来往于房屋之间。不少外国人和中国人的商店没入水中，财产损失惨重。为了避免蒙受更大的损失，大量商品匆忙运往上海。处于半饥饿状态的难民如潮水般涌入。依照惯例，地方官员将水情禀奏了皇上，皇帝敕谕拨款关平银100000两赈济灾民，尔后又追加了50000两，同时诏谕开仓济民。

(l) 1883年9月9日，柔佛大君及其随员从日本来华，取道上海抵汉。他在这里逗留的时间不长，陪同他前来的有马来亚客人的译员德·阿隆克斯和李清端（Lim Ching Dan）先生。大君拜会了署理总督——卞制台，受到很高的礼遇。

1888年，俄国亚历山大公爵及其随员自上海来汉。陪同他的有俄国驻汉领事德米特雷夫斯基，他在汉口只停留了几天。

1889年1月，波旁王子和公主亨利一行来汉，陪同前来的有德·阿隆克斯和罗斯托。他们遍历汉口城，访问了四川会馆和汉水河边的庙宇，游览武昌，走访了意大利人在汉口的修道院。

1891年4月19日，俄国“志愿者舰队”的海参崴号及战列舰科雷兹号和波博尔号驶抵汉口，随船前来的有克萨雷威茨太子、希腊王子乔治。他们到达不久，总督张之洞前去拜访，波博尔号鸣礼炮17响。后来克萨雷威茨登陆，前往东正教堂，在那里受到修道院院长的热情欢迎。然后入俄国领事馆，从中国北部和南部赶来的俄国代表齐集在那里恭候他的光临。后来，又受到摩查诺夫、佩查诺夫和俄罗斯领事的盛情接待。在那里会见了各位领事和海关官员。克萨雷威茨还参观了当地农产品博览会和一座砖茶厂。第二天，他对张之洞总督进行了回拜。之后，代表团参加了俄国在汉公司为他们举办的酒会，出席宴会的来宾大约有180人。4月21日，代表团在两艘俄国战舰、一艘中国战船的护送下离开。克萨雷威茨对此行受到总督和汉口市政的盛情款待表示非常满意。

（m）这十年里，湖北参加京城殿试的考生中有50人取得功名，其中虽没有状元、榜眼、探花，但有30人获得翰林、中书、主事等职务，被皇帝任命为各部大臣。剩下的20人被派往各省作为地方官员。

（n）在武昌有两所较老的学府——江汉书院，考试经学；经心书院，考试科学。这两所学府对优等生实行奖励。除此外，最近在武昌兴建了两湖书院，下设六科：文、礼、诗、经、算、化。前四科已经开设，后两科空缺了下来。学员480人，湖南、湖北各占一半。学生在校住宿，每月津贴关平银3两。每月考核后评定优等生，学校予以奖励。非学员也可参加考试，但得不到津贴。总督张之洞是该书院的创办人，两湖茶商是它的主要支持者。

在各府、州、县办有各种大众教育学校。学校的校长称为山长。兴办一所新校，其资金一部分来源于藩台，另一部分靠私人捐赠。一旦经费筹足，学校就开办起来。余额借给当铺收取利息，或者投资地产，用以支持学校。每个月地方官员要亲临学校主持几次考试，从他私人掌管的金库里提取部分以奖励优秀者。一年有一次总考，不合格者将会被辞退。

（o）在每两年举行一次的考试中，十年里湖北共有秀才 13567 人，每次考取举人五十六七人。湖南的举人也差不多是这个数。湖北总人口估计为 30000000 人，识字人口的百分比变化较大：在某些地区学校较多，而在另一些地区学校却很少。云梦地区男性识字率达到 80%，女子为 10%；在另外一些地区识字率很低。总的来看大约有 30%的成年男子、3%的女子能较顺利地阅读。

（p）湖北总的特点是多山，与河南、江西、湖南交界处尤其如此。与河南交界处的大山高达 6000 英尺。湖北还有不少湖区和沼泽地，每年盛夏时节，大片农田没入水中。位于长江北岸的广大地区就是这种情况，尤其是沔阳。黄陂、孝感、云梦、应城地势平坦，气候适宜。除上述之外，荒地的分量在加重，天门、应城两县交界处，德安城附近就是一片荒野。当人们北行，荒地随纬度在增加，应山地区逐渐成为草莽丛生的荒山地带，这里甲状腺肿和其他疾病十分普遍。

中国有一句名言，湖北是三山六水一分地，即三分山，六分水，一分好的居住地。在夏季，这话一点也不假，但在其他季节，水所覆盖的面积不足全省面积的十分之六。主要物产是石膏、茶、稻子、大麻、棉花、纸、油漆、桐油、植物蛋白、药材、丝绸等。在湖北，木材不多，河道两旁的山大多光秃秃的。主要的交通工具是手推车和木船。人们使用骡和驴较多。在最北部地区，马车是比较常用的运输工具，农民主要依靠它来运送谷物。马加里在谈到这些马车时说："它可能是我所见物中值得评论的一件东西，首先是在皫洲见到，后来在这条河上游的其他地方又多次见到，它主要用于农业。看到中国农民使用如何方便的工具可能不太常见。我所说的这种轮车如此新颖，它与直隶省的马车有显著不同，因此很值得描述。它的形状千差万别，本身是件令人吃惊的事情。在农村，相距甚远、方言各异的人们，以同样的方式和工具从事着相似的活动。一个主要的区别在于北部马车——和全世界其他地方一样——轮子在车体之外，重心较低；湖北的马车把轮子包起来了，车身在轮子的上面，这种马车简单地说就是一块木板平衡地放在两个轮子的上方，两个轮子又牢固地固定在轴上，用水牛拉着——在所有笨拙的动物中——它的外表与其说高雅，不如说是古怪。”

湖南有84000平方英里，洞庭湖大约占到它面积的4500平方英里，夏季它是河网纵横交错的蓄洪地方。在这个季节里，水位一般超过枯水季节30～40英尺，湖区面积也随之而变化。湖南全境有四条主要水道，众多的支流与洞庭湖相通。每条河道上有一个繁华的贸易中心。湘江是最重要的一条水道，它流经该省东部地区，其最大的贸易中心是湘潭，它位于省府长沙南约30英里，离湖区大约80英里。湘潭是中部各省中仅次于汉口的第二大贸易中心。以益阳为出口港的溆江流经湖南中部；湖南西部的沅江是另一条重要水道——它的港口是常德，离湖区大约30英里，商业地位仅次于湘潭。西北部的澧江以津市为商埠，但它还称不上是一个重要的商业中心。四江汇集洞庭湖，另外，长江上游下来的大水相当部分通过洞庭湖的豁口涌入湖区。这些豁口中最重要的一个在松滋下面。21年前的一场大水冲垮了这里的堤防，此后一直没有修补起来。如果这个豁口越来越大，很可能在不远的将来，长江会放弃经沙市的路线改道通过洞庭湖。总体上看，湖南拥有众多的优势，这里气候宜人，土地肥沃，除湖区周围以外，其他地区无旱涝之虞。湖南物产十分丰富，唯一要进口的只是食盐。至于矿产资源，值得怀疑的是是否还有其他省份敢夸耀得到（上天）如此慷慨的眷顾。湖南除少数民族瑶、苗户口外，有人口21008767人。十年里中榜的秀才大约12000人，举人200人。1882年、1885年、1888年、1891年在京城每三年举行一次的殿试中，湖南有50人及第，其中没有状元、榜眼、探花；有传胪2人，一个叫杜本崇，另一个叫彭述，分别出生于善化和清泉；其他的分别是翰林、主事、进士。曾在湖南任过职的著名官僚中，值得一提的有王文韶和卞保弟，曾任湖南巡抚；出生于湖南的著名官僚有左宗棠，曾任驻英、法、俄大使的曾纪泽，现任两江总督刘坤一，已故新疆巡抚刘锦棠，彭玉麟。

（q）十年里每年进入汉口港的本国船只有23500艘，总吨位达

1000000 吨，运送旅客 165000 人。这些船舶从船宽 7 英尺、船员 3 人、载货 150 担，到船宽15.5英尺、船员 12 人、载货 1100 担不等。除了客轮，他们的建造风格比较单一，测量一下船体宽度，通过一个简单的规则就可以确定船只的吨位。尽管名称各不相同，但风格差异不大，归纳起来有十四种：

（1）来自京山、黄陂等地的称为鸦艄，主要运送谷物、大豆、芝麻。

（2）艑子是襄河、黄陂、马梁等地的叫法，运送花布、烟草、大麻。

（3）天门
（4）皂市
}主要从事德安府、汉口间的脂肪、石膏、芝麻、油贸易。

（5）抚刁子
（6）罗唐
}从江西出发，运送瓷器、肥皂、水果。

（7）来往于河南和汉口间，运送医疗用品的称排子。

（8）来自陕西，运载橡树皮、草绳、纸张的称火溜子。

（9）柏木
（10）麻雀尾
}从四川顺流而下，运载棉花。

（11）来自长沙，运载稻谷、土布、煤的称钓钩。

（12）来自湖南衡州，运载稻谷、煤、茶叶、纸张、木炭、莲子的称小驳。

（13）来自郴州、衡山地区，运载椰子席、草碱的称巴棍。

（14）来自湖南常德，运载油、纸、煤、稻谷、土布的叫麻阳。

帆船一般没有官方的许可证，只是在承运外货时，商品才盖上海关的关防。船只大多是家庭私产，家庭成员以航运为业，由于没有任何记录保留下来作为依据，因而对他们的利润做出评价是十分困难的。尽管如此，保险一点来说，这一行业没有多大利润可言，因为运费和船票价格很低，相反，旅途时间、航程却相当长。这些船只主要用黄杉和柏木建造，平均造价每吨关平银 10 两。依此算来，抵汉的本国船只总价值达到关平银 10000000 两。从四川及上游下来的船只一般在冬天抵达这里，船上装载着柑橘、兰花、药材等，没有任何本地保险。

（r）在湖北共有两家政府银行——一个在省财政厅的控制下，存储税收，叫做公济益。另一个受道台控制，收取关税，叫有成。除此以外，还有大约24家票号，其中5家位居榜首：

（1）天成亨，在兰州、梁州发行汇票，佣金为4%～6%，在重庆为3%～6%，在贵阳和成都为6%。

（2）百川通，在云南省发行汇票，佣金为4.7%，在重庆为6%。

（3）协同庆，在成都发行汇票，佣金为5%，在兰州为6%。

（4）蔚泰厚
（5）蔚盛长 } 在成都发行汇票的佣金为3.2%～4.2%，在重庆为4%～6%。

（s）汉口共有邮政局27家，其中12家办理陆运邮政业务，其余15家承办水运邮政。最重要的陆运邮局有汪洪兴、李永隆、吴永裕、陈永昌、胡万昌、森昌、全泰盛、公利。水运邮局有老福兴、乾昌、太古晋、协兴昌、政大源、正和协、全昌仁、金泰协、铨昌祥。陆运邮件由邮差定期发送；水运邮件由船上的买办负责，他们每月能得到10磅的酬金，某种程度上他们还负责转交给他们的邮件。包裹和信件在大部分地方可以挂号，没有任何附加费用，上海除外。寄往上海的包裹价值1000枚铜币，其邮资为20枚铜币；现金关平银1000两，邮费为300个铜币。陆路传送一封信件的大致价格如下：江西省100个铜币、河南省100个铜币、陕西省100个铜币、安徽省50个铜币、云南省200个铜币、长沙24个铜币、郴州50个铜币、益阳40个铜币、耒阳60个铜币、沙市24个铜币、重庆100个铜币、常德30个铜币、贵州府100铜币、丰都200个铜币、宜昌24个铜币、成都200个铜币。经水路每封信的邮价：武穴30个铜币、九江30个铜币、安庆50个铜币、大通和芜湖50个铜币、南京和镇江70个铜币、上海和宁波80个铜币、香港和广东100个铜币、天津和北京200个铜币。我们注意到费用是适中的。倘若信函经陆路运输，运费不是依据距离的远近来确定的，起作用的是到某一地区邮政业务的数量。信件越多，邮资越低。虽然运输的方式还不太规范，但信件的投递是安全的、及时的。上述费用标准如遇到某个人或公司的所有业务由某家邮局承揽这样的情况，可以降低。由邮差、领事、传教士通过陆路运往重庆和附近地方的信函、报纸、邮包、物品，每斤300个铜币。一般信件照件付款，每件作为一个计量单位，但人们常常把它们捆在一起，弄成一包，根据重量付款，这样相当节省。人们也时常在邮局讨价还价以期减少费用，这种方式很奏效，因为邮局间总是存在着激烈的竞争。短距离的信函，可以提前付款，如果预先支付了，信件上便盖上“邮力付讫”章；如果没有，则盖有“邮资照例”章。

（t）海关在过去十年里一个重大的变化就是把鸦片税的征收从地方部门转归总税务司节制。交接工作在江汉关没有碰到困难与阻力。海关职能的扩大，必然要求增加中外职员与之相适应。最近几年，海关业务量有了较大的增加，转口业务以及有许可证的帆船运输量增加尤为明显。

（u）十年里，从外国人看到的陆军、海军、工业、金融和行政在这一地区的变化，值得一书的是总督张之洞在武昌建立的棉纺厂和在汉阳建设的钢铁厂。自这份报告起草以来，我收到了一份关于这些工厂引人入胜的材料，这份报告得到总督应允，由湖北省矿产局总工程师P. 斯切德威勒执笔，时间是1892年10月16日。这份材料对各个工厂都有翔实的描述，下面我援引几段。

张之洞总督的洋务活动包括汉阳钢铁厂、供给铁砂和煤炭的矿区、汉阳兵工厂、武昌棉纺厂、武昌的实验室和大学。

正在兴建中的钢铁厂位于汉阳龟山北麓，汉水和长江的交汇处，占有水运之便，无原料缺乏之虞。两个临时停靠的码头已经竣工，一个在汉水河畔，另一个在长江边，它们与贯通钢铁厂各部门的标准钢轨相衔接。在长江左岸，一个大型码头正在兴建中。为了迅速起卸铁矿、煤炭、石灰石，装运加工产品，码头将装备牵引机、起重机。两座高65英尺、直径16英尺的高炉，如果冶炼克利夫兰矿石，预计日产生铁50吨。中国的铁矿资源比英国要丰富得多，人们预测日产量可能突破这个数字。

…………

矿区——汉阳钢铁厂的铁矿砂主要取自大冶地区的铁山铺，这一地带铁矿资源十分丰富。铁山铺距长江17英里，从矿区到石灰窑的标准铁轨（4英尺8.33英寸）已经铺设。石灰窑位于长江右岸，在汉口下游大约70英里处。1891年7月，这段铁路破土动工，1892年9月正式通车。修筑这条铁路的目的不是用于旅客运输，而是运载铁矿石和溶接剂。后一种原料也由铁山铺提供。除了铁路的两个端点外，铁路沿线只有一站——下陆。列车速度每小时不超过20英里，铁轨每码重52磅，安放在每根100磅的软钢枕上，最大弧线半径500英尺，最大坡度是70英尺/度。在石灰窑还建立了与之配套的辅助设施，以便把矿石和石灰石转运到驳船上。石灰窑与汉阳间的驳船由两艘大功率的拖船牵引。

磁铁矿已在扬子江右岸离富池口不远的地方被发现。这里与汉口相距105英里。铁矿砂从矿区运往沿江，由2里长的窄轨距铁路担负。

汽锅、机车和蒸汽机使用的煤炭是从王三石运来的，那里也属大冶辖区，勘查结果表明该地区蕴藏着丰富的煤炭资源。

供给汉阳钢铁厂鼓风炉的焦炭来自马鞍山，马鞍山矿区位于武昌南的一个大湖边，有一条小河与长江相连，从矿区到汉阳走水路大约40英里。

第三个矿区位于道士洑附近，长江右岸公鸡头下游，目前正在开采中。

兵工厂——正在建设中的枪炮制造厂厂址就在钢铁厂的西边，生产最新式枪炮和弹药的机器将在这里安装。除一般弹药外，每年生产各种口径的步枪100条，小口径来复枪15000条。

棉纺厂——该厂设在长江右岸，武昌城西南。占地23英亩，其中厂房建筑占地6英亩，储存用地3.5英亩。在江边还建起了60英尺宽的防水墙。与堤防顶端齐平的木码头已修建完成，长 150 英尺，宽 50 英尺，上面安装了 3 吨重的起重机。吊车把物料卸载到有轨货车上，有轨线路与工厂周边装卸仓库相互连通。

轧棉厂——正在建设过程中——独立于纺织厂，在它的南面。厂里有两部开棉机，20 台轧棉机。轧好的棉花通过管道传输到混合车间，不同质地棉花的混合将在一个很大的厂房里进行。混合后，棉花送入清花车间，这里有两部开包机、10 台清棉机。在预制车间有梳棉机 99 台、并条机 29 台、粗纺架 11 台、调解架 16 台、粗纱机 35 台。纺织车间包括纱锭 34000 枚、绕线架 10 台、整经机 16 台、浆纱机 4 台、拈线机 12 台、织机 1000 台。染房长 88 英尺，宽 22 英尺，装配 3 口染缸、1 台搅拌机机和 1 台浆布机。漂白厂由马瑟·普拉特高压循环烘缸，各种浸灰、清洗、压榨等机器组成。在它的隔壁有一台大型干燥机。最后一道工序的车间有轧光机、浆布机、轧布机和一台紧布装置。在合成车间，有 1 台折叠机、1 台包裹压榨机。这些机械合在一起，动力超过 1000 马力。位于厂房中央的发电装置有发电机两组，能提供 1200 只灯泡的照明用电。它于 1891 年 1 月破土动工，预计 1892 年底部分设备可投入运营。

实验室和大学——1890 年 4 月，一座分析两湖地区矿产和煤炭的实验室在武昌成立。1891 年 7 月，开办了一个讲授煤炭和铁矿分析方法的讲习班。到 1892 年 6 月，参加讲习班的学员已越来越多，政府考虑创办一所矿业工程学院，开设化学、物理等课程。

（v）目前在湖北较有影响的教会大致有以下几个：意大利和西班牙的天主教会，基督教中的伦敦教会、美圣公会、循道会、内地会、苏圣经会、苏福音会、挪威路德会和瑞典行道会。

罗马天主教在湖北信众总人数约为 26220 人，欧洲传教士 32 人，本地牧师 32 人，学校 50 所，神学院 3 所。主教 J. E. 卡拉萨雷、副主教阿波斯托里克居住在武昌。

汉口的伦敦会由主教杨格非（约翰·格里菲斯）于1861年创办。在汉口，它有3座教堂、2所医院；在武昌，有2座教堂；在汉口、武昌及其周边地区还兴办了4所男校和2所女子学校；在黄陂、孝感、汉阳、应山、京山、云梦等地设有分部，2300人接受洗礼，包括婴儿。据信还有1250名成年人生活并保持着基督教职业。有5名欧洲传教士与生活在汉口和武昌的这个群体保持着联系。

美圣公会在湖北大约有信徒1700人，外籍教师5人，医生1人，还有1名本国牧师，6名执事，15名旅行布道者。该会有3座教堂——一座在汉口，一座在武昌，另一座在宜昌，隶属该会的还有11所学校。

（w）在汉口，多达11个省在这里设有会馆，这些省份是湖南、陕西、山西、浙江、江苏、江西、山东、河南、广东、福建、安徽。其中一些省如安徽、广东、江西的会馆都超过了3个，山西和陕西两省加起来只有1个。在中国的每一个省，你至少可以找到1个两湖会馆。

这些会馆一般靠商人和绅士们捐资兴办。会馆启用有一定的仪式，通常是举办一场戏剧演出，然后祭祀，再任命主席和委员，开展募款筹集活动。余款主要投资在房产和土地上，利息用以支撑会馆。一旦出现分歧，由主席作出公断，他的决定不能更改。会馆的主要目的是赈济，给处境窘迫的同乡以资助，使他们能返回故里。每个会馆都有自己的祠堂和公墓。每年春秋两季的节日，主席和委员们都要主动拿出羊、牛以祭奠逝去的生灵。

（x）现任湖广总督张之洞很可能是许多年来担任这一职务中的佼佼者。前任总督涂宗瀛于1883年开始担任这一职务，他是一个很有才干和魄力的人。道台武震、臬台黄子寿分别于1885年和1886年走马上任，两人的声誉也较高，前者以其对人民的宽厚与仁爱而著名，后者因对骚乱和反叛采取铁腕政策而名噪一时。

湖北涌现的名流中最有声望的要数张凯嵩，曾任云南巡抚，殁于1886年。还应提到的有王毓藻，现任山东布政使；李廷箫，前任南京地方主官。

（y）过去十年里湖北出版的唯一有价值的书籍是赵尚辅编辑的《湖北丛书》。

（z）展望下一个十年，我的观点和论述汉口贸易是一致的。这就是：发展是不可阻挡的，随着时间向下一个十年推进，人们将会发现1901年比1891年要好，1891年要强于1881年。随着交通的改善，外国先进的采矿技术和其他设施的引入，这些无疑将会对汉口贸易产生积极影响。煤炭、钢铁、木材工业的情况也会如此。我有一种强烈的预感，随着行销内地的商品运输方式的改善，外国采矿技术和其他设备的引进，煤炭出口将会大大增加，从目前中国煤炭生产来看，远远不能与贸易需求相适应。

在结束本报告之前，我想就鸦片和茶叶贸易补充几句。在目前中国的进口中，印度鸦片仍然是一个重要的项目，这一点深为英国朝野所关注。在出口领域，中英茶叶贸易急速减少，这已成为中国议论的热门话题。当然，印度鸦片的进口还在逐步减少，这种势头将会持续下去，直至其灭绝。与英国的茶叶贸易也将会逐渐萎缩。如果锡南和印度的茶叶日益为俄国人所接受，我相信，有那么一天，中国茶叶将会被挤出俄国市场。印度鸦片进口下降，中国茶叶出口减少，可能会对中国财政收入造成影响，特别是在没有有效办法对本土鸦片征收可观关税的情况下。印度鸦片出口萎缩无疑使该国财政收入减收，因此两国都应重新拟订新的方案以补救财政不足。

至此，我大致勾勒了汉口及其港埠的一个“轮廓计划”，提出汉口到公鸡头长江段的设想，绘制了从铁山矿到长江的新的铁路方案。

税务司：穆和德

于海关

1891年12月31日

海关十年报告之二
(1892—1901)

(a) 1882—1891 年的十年报告，我们对汉口港进行了地理和历史描述，在这里重复是没有必要的，我们最好一掠而过，看看汉口港的发展和现状。

在逝去的岁月里，尽管汉口主要以世界茶叶港而驰名，然而，它所处的地理位置，便利的水运，以及作为商业中心的重要性早已为有识之士们所预言。但人们最终认识到汉口是一个大的商业都会和迅速发展的贸易中心这个事实还是近几年的事。或许人们难以意识到这个港口距上海 600 英里，十年中居然有一半以上的时间大型船舶可以抵达，而且确实有大型商船和军舰访问该埠。去年秋冬季节，水位很低，吃水超过 10～12 英尺的船舶就不能进港。

从总的轮廓来看，这十年里，汉口及其近邻武昌——湖北省省会，张之洞总督的治所——有了相当程度的改观。在武昌，沿江修筑了很长一段防护堤，使这里的面貌为之一新。在汉口，变化之大更是令人惊叹。自上个十年报告刊行以来，新近开辟了俄、法、德租界，几年前还是稻田与肮脏小屋杂处之地，现在铺设了马路，竖起了高大的住宅。这些新租界与英租界相连，使汉口有了长达两英里长的河街。

早在 1861 年，英国政府就在汉口取得了面积 290832 平方码（一码等于三英尺）的租界，占据半英里长的临江河段。租界与汉口城毗邻，从商业角度看，这是极为有利的。租界布局十分严谨，1865 年耗资关平银 200000 两的堤防工程完工，建筑精美的住宅和洋行大楼不断涌现，30 多年来，不同国籍的商人憩息在这里，活动在这里。现在虽说开辟了新的租界，但从这一弹丸之地迁出的寥寥无几。

后来英国拓展了租界，使租界西界延抵逐渐消失的汉口城墙，新增面积 247000 平方码。地产投机商们迅速扩充自己的产业，一幢幢建筑拔地而起，马路不断延展。租界新的规章规定，有声望的中国人可以在新拓的租界定居。

租界及其拓展部分由 6 人组成的工部局负责管理。巡捕负责租界的治安，他们由 32 名锡克教徒、38 名中国人组成，另有 2 名警探、1 名翻译。他们实际上受一名警长和助理节制。小的违法案件由混合法庭审理，每天早晨在总领事馆开庭。租界的收入主要来自土地税和住宅税。1901 年募集了一笔关平银 10 万两的贷款，利率 7%，以债券形式发行，超额认购到了 40%，这可能是繁荣的英租界唯一严重的债务。

沿江的住宅和商业大楼颇为壮观，罗马天主教堂、美圣公会教堂、希腊教堂也值得一提。为了庆祝大英帝国女王陛下六十寿辰，耗资关平银 15000 两的波罗馆在汉口俱乐部旧址上落成。舞台精美，地板装潢别致，各种公共娱乐活动，诸如跳舞、唱戏都可以在这里举行。

与英租界毗连的是俄租界。它辟于 1896 年，但至今还未启动什么建设项目。长 772 码的堤防刚刚完工，耗资关平银 215000 两，以现在的汇率大约相当于 27000 英镑。租界占地 247000 平方码。由 5 名哥萨克人、9 名中国人组成的巡捕负责租界内的治安。

1896 年 6 月，法国人以俄国人为邻也开辟了一块租界，面积为 137000 平方码，靠近0.25英里长的河段。在这片租界区已经盖起了不少住房和商店，显露繁荣的端倪。沿江的堤防工程蔚为壮观，它开工于 1901 年，耗资约关平银 150000 两。法国领事在 3 名市政官员的辅佐下全面负责租界的管理，23 名中国人组成的巡捕房负责境内安全。

德租界开辟于 1895 年 10 月，紧靠法租界，占地 506000 平方码。一个董事会正在积极活动，谋求租界的发展。在加高地基、修筑马路方面花了不少本钱，一些修好的路段已经通车。沿江0.75英里长的河岸已修筑了堤防，耗资约关平银 260000 两。租界内还兴建了一批住宅，不久还将有一批工程开工。

四个租界每年向中国当局缴纳很少一点的土地税和稻谷税。

德租界旁边是让与日本人的地基，迄今为止似乎还未见任何企图接管它的意图。这片租界占据河段 400 多码，面积 147000 平方码。

据说比利时政府希望在日本租界旁边获得一块租界，但至今毫无进展。

从以上我们可以看出，截至过去两三年里，外国居民还只有 290000 平方码的土地，而现在外国人实际借用或正在租借中的土地面积差不多有 1428489 平方码。现代化的改造也逐步展开，电报已经开始运营，电灯不久后也会得到广泛使用。除日本租界外，外国人占据的河岸长 1000 多码。京汉铁路车站附近长达 1235 码的堤防工程已经竣工，一些大的货栈也已落成，一座远洋轮船能停靠的码头正在拟议中。两处壮观的油罐建筑占据了河流的下游地带，一个属于壳牌运输贸易公司，另一个属于荷兰皇家石油公司。油罐船将大批油料从苏门答腊运到这些油罐槽。由此，我们可以看出在近几年汉口是在以多么巨大的步伐向前迈进。这里不再是一般的通商口岸，它已发展成为帝国极为重要的商业都会。展望前景令人鼓舞，随着铁路与航运联网，汉口与世界的联系将会日趋密切，无论从政治还是商业上，这座城市的重要性不可限量。

这十年，中国度过了极不平静的岁月——1894—1895 年与日本交恶，1900 年义和团运动——尽管如此，汉口及其周边地区基本没有受到骚乱的影响。当然不稳定的因素是存在的，湖广总督张之洞明智而坚定的政策化解了这里的矛盾。在帝国许多地方，不少外国人在这场激烈的对抗中丧失了生命，而定居在这里的外国人却幸免于难。这是一个值得骄傲的记录，外国人也十分感激地承认这一点。

以上的开场白表明，进步与繁荣是过去十年汉口的主旋律。下面的论述将以更详尽的方式向读者展示这种繁荣。

（b）据报道，十年里汉口港埠贸易值增长幅度较大，1892 年贸易总值为洋例 48500000 两，1901 年达到洋例 86900000 两。这里我附上一份贸易净值表，从中所得出的结论是不言自明的。

表 2—1　1892—1901 年贸易净值一览表

年份	外国进口（洋例）	本国进口（洋例）	初级产品出口（洋例）	总计（洋例）
1892	11905648	5432109	19563940	36901697
1893	10723545	4688199	23850237	39261981
1894	10985275	4930691	23218827	39134793
1895	13154362	6024248	25328892	44507502
1896	14193537	6663411	23449545	44306493
1897	17172351	8007897	24540382	49720630
1898	16019721	6798073	30953651	53771445
1899	21666827	8071839	37463395	67202061
1900	19743376	5200302	32106961	57050639
1901	25685345	7161102	29372642	62219698
总计	161249987	62977871	269848472	494076330

据载，1892 年的贸易净值约为洋例 36900000 两，1901 年约为洋例 62200000 两，应该注意的是这包括了所有名目。1892 年国外进口贸易值约为洋例 11900000 两，1901 年约为洋例 25600000 两。本国产品进口从 1892 年的约洋例 5400000 两上升到 1901 年的约洋例 7100000 两；1892 年的出口值约为洋例 19500000 两，1901 年约为洋例 29300000 两。最好的年景是 1899 年，即义和团运动爆发的前一年；1900 年骚乱期间，贸易受到严重影响，但很快复苏。汉口平均每年贸易净值约为洋例 4900000 两，差不多比上个十年增长了 40%。

下面的表格反映了这十年首尾两年各国在汉口贸易中所占的比重。（见下页）

值得注意的一点是，德国和日本在这份表格里占据了显要位置。在长江相当大的范围里，见到船只挂这两国旗帜是相当晚的事情。看起来它们还在致力于扩大贸易比例。很长时间以来，长江航运飘扬的是中国旗和英国旗。

表 2—2 各国在汉口贸易中所占比重一览表

国别	1892 年				1902 年			
	吨位（百分比）	国外贸易和沿海贸易总额（百分比）	过境贸易（百分比）	税收与关税总额（百分比）	吨位（百分比）	国外贸易与沿海贸易总额（百分比）	过境贸易（百分比）	税收与关税总额（百分比）
英国	62.87	60.63	55.35	58.74	43.41	48.79	9.97	45.07
美国	0.07	0.02	19.79	1.23	0.75	1.02	29.21	1.91
德国	0.31	0.17	—	—	20.74	10.35	0.02	11.50
法国	—	—	—	—	—	—	2.11	0.12
瑞典挪威	0.45	0.22	—	0.30	0.14	0.01	—	0.02
俄国	1.85	3.22	—	11.40	1.83	2.86	—	16.12
澳大利亚	5.07	3.00	—	3.96	0.16	0.47	33.19	1.64
比利时	—	—	—	—	—	—	0.04	—
日本	0.11	0.02	—	—	10.46	6.58	—	5.06
中国	29.27	32.72	24.86	24.37	22.51	29.92	25.46	18.56

从航运情况来看，发展令人鼓舞。这十年里，长江上新增了 3 条航线——一条属于日本人，另外两条是德国人的——原来的定期航线上又有 11 艘轮船下水。这几家新公司是大阪商船会社，汉堡—美洲长江航线，北德劳埃德长江航线。新增的 11 艘轮船由这几家公司拥有，由上海的远东—德国轮船公司和日本国内承造。

看来挂英国旗的轮船总吨位在增加，而茶叶贸易却在萎缩，装运茶叶直航伦敦的英国远洋船只在内河水域逐渐消失。1892 年还有 4 艘满载茶叶的海轮从汉口起航，1900 年和 1901 年再也没有见到一艘这样的船只在这里停靠。另一方面，俄国志愿船队运送的茶叶却在增加，每年都有好几艘轮船直航敖德萨。

汉口与宜昌间的航运往来日渐增多，在我从事本报告写作过程中，有 7 艘轮船保持着与川江各口岸的运输往来。在这里记录一下几艘悬挂英国、德国、法国旗的炮艇上溯洞庭湖、汉水甚至重庆也许并不算不合时宜。1900 年，德国轮船水乡号因此而折返，有几次英国炮艇成功涉过险滩，法国舰船有过一次成功的经历。

1896 年和 1899 年，瑞典和挪威在航运表格里跃居显著位置。在这几年里挂挪威旗的轮船主要从事直航汕头的生意；但租船主——德国商人——买下了这些轮船，易帜为德国旗。尔后作为一种尝试，悬挂德国旗的船只被租用来从事满洲里—海参崴间的茶叶贸易。很明显，这种尝试失败了，俄国的茶叶贸易又回到了原来的老路，这里的茶叶由轮船运抵上海，然后北上。

正如航运表格所显示的，挂中国旗的船只数量有所上升，招商局在长江上游有 2 艘轮船，下游有 4 艘轮船投入运营。过去十年里，中国本国帆船、特许舢板数量稳定上升。

这十年的头几年，澳大利亚旗崭露头角，有两艘挂澳大利亚旗的轮船往来于汉口和上海之间。1894 年，这些轮船落入英国之手，此后只有当运送京汉铁路建筑材料的海轮在汉口港抛锚时才偶尔见到澳大利亚旗。

有 30 艘轮船（23 艘在下游，7 艘在上游）定期往来在长江上，另外 2 艘海轮来往于汉口和汕头，再加上茶船、运送煤炭和铁路建筑材料的货轮以及帆船、舢板，使进出汉口的船只吨位在这十年里达到了可观的数字——18273000 吨。

1892 年，从汉口到伦敦的茶叶运费为每吨 2 英镑 5 便士，1895 年下降到 2 英镑 2 便士 6 先令，目前大约为 2 英镑 17 便士 6 先令，一般的货物为 2 英镑 12 便士 6 先令。据说煤炭价格的上浮已影响到运费。长期以来组成“联合会”的几家航运公司现在仍在结盟，毫无疑问，它们实际上垄断了该埠的出口贸易。尽管长江上开辟了几条新的航线，地方上的运费一直没有降下来，到上海的一般货物运费为每吨关平银2.6两。

前面已经提到两处油罐设施。第一个是伦敦的壳牌运输贸易公司所属，于1901年初开业。就在同年底，荷兰皇家石油公司的储油罐投入使用。油罐共有4个，平均储量为10000吨。已有好几艘油轮满载原油从婆罗洲出发驶抵该港，迄今为止，最大的一艘容量达到1400000加仑。

1898年，政府拟定了一系列新的内河航运规章与条例，尽管可能是权宜之计，却颇有成效。享有内地港埠停靠权的客轮数量越来越多，他们运输大量游客并从中牟利。位于洞庭湖口的岳州起初主要是船舶停靠的码头，1899年11月开辟为通商口岸，此后过往这里的客轮与日俱增，使该港成为到内地旅行的一个重要端点。长期从事旅客运输的客轮有20艘，它们主要航行于汉口上下游和汉水流域。1901年，这些客轮运送旅客达90000人次。据报道，日本人所属的湖南轮船公司正在筹资开业，它以小型轮船为主，经营汉口经洞庭湖至长沙和常德的旅客运输业务。可以有把握地说，随着定期往返各港口航运的开通，富饶的湖南将得到有力的开发。

洋货的需求量仍然是有增无减。棉毛、布匹越来越受到当地人的喜爱，但这项买卖基本上把持在中国公司手里，他们都是从上海进货，尽管去年曾有一家比利时公司直接从欧洲进口商品——主要是绸缎——取得过满意的效果。

棉纱进口增加幅度也较大：1892年只有80000担；1899年增加到284000担；1900年这项产品有所下降，为226000担；1901年再次回升，达到250000担。

1892年，入境红糖为52900担，以后稳定增加，1901年达到824000担。白糖和精制糖的进口量也在增加，目前每年进口约93000担。

煤油贸易发展的速度最为惊人，成为进口商品中最为引人注目的项目，这表明中国人迫切希望使用这种既实用又便宜的外国货。据上一份报告记载，煤油每年最大进口量为5000000加仑，通过跳跃式上升，1901年达到了16767895加仑，价值约洋例2107713两。

1901 年 1 月，壳牌运输贸易公司在当地的代理阿诺德·卡帕公司于租界下游 5 里处的丹水池新建了两个储油罐，每个容量为 837374 加仑。荷兰皇家石油公司的代理机构迈耶公司所属的两座油罐也已告完工，紧邻壳牌运输贸易公司油库，容量都是 562436 加仑。油轮将煤油卸入库房后，再分听包装投放到市场。在过去几年里，美国人垄断了煤油市场。俄国石油打入后竞争开始升级，壳牌石油的消费逐渐减少；去年夏，美国标准石油公司在汉口设立了一个代理机构，重新夺回了一些丧失的地盘。

现行煤油价格一览：

表 2—3　1901 年汉口各品种煤油价格一览表

品种	单位	价格(洋例)
壳牌(包装)	每箱十加仑	1.68
俄国(散装)	每箱十加仑	1.12
俄国(包装)	每箱十加仑	1.49
俄国(本地包装)	每箱十加仑	1.43
苏门答腊(散装)	每箱十加仑	4.12
苏门答腊(包装)	每箱十加仑	1.48
苏门答腊(本地包装)	每箱十加仑	1.43

下面这份表格是 1892—1901 年汉口每年进口煤油的净值。

表 2—4　1892—1901 年汉口进口煤油净值情况一览表

年份	美国		俄国				苏门答腊				总计	
	包装		包装		散装		包装		散装			
	数量（加仑）	价值（洋例）	数量（加仑）	价值（洋例）	数量（加仑）	价值（洋例）	数量（加仑）	价值（洋例）	数量（加仑）	价值（洋例）	数量（加仑）	价值（洋例）
1892	4111050	397350	626000	56961	—	—	—	—	—	—	4737050	454311
1893	7678520	748492	425000	39594	—	—	—	—	—	—	8103520	788086
1894	6464396	679478	1100700	101921	—	—	—	—	—	—	7565096	781399
1895	4248990	490568	2773150	264699	—	—	—	—	—	—	7022140	755267
1986	5813670	771593	6464970	733891	—	—	322320	80729	—	—	12600960	1546213
1897	7757940	1074131	8130000	1004937	—	—	1186300	144763	—	—	17074240	2223831
1898	6753400	935262	4328600	499387	—	—	4973000	499701	—	—	16055000	1934350
1899	3884170	542810	7138400	931061	—	—	274000	32932	—	—	11296570	1506803
1900	2321180	387374	9804300	1577769	—	—	728900	99858	—	—	12854380	2065001
1901	3942080	609440	6686600	888865	820343	81097	2435250	246272	2883622	282039	16767895	2107713
总计	52975396	6636498	47477720	6099085	820343	81097	9919770	1064255	2883622	282039	114076851	14162974

本国产品的进口中，麻袋增长幅度较大，1892 年进口的总额为洋例 63000 两，1899 年达到了洋例 172000 两，稍后有所回落，1901 年只有洋例 145000 两。

在上一份报告里，我们估计到这里棉花需求量在下降，现在可以重复这一结论。尽管每年有涨有落，如 1892 年只有 31600 担，1897 年达到了 122000 担，但此后逐年下滑，1901 年仅 1700 担。棉花进口减少由棉纱补充了。棉纱与棉花相比，织工往往喜欢前者，因为棉花还要追加额外的劳动。

那么人们一定想知道某种商品是如何在市场上站稳脚跟的。1901 年，印度棉纱进口量为 248900 担，几乎完全转口到了重庆，留在当地消费的只有 60400 担；同一年，日本棉纱进口量约为 194400 担，只有约 8300 担转口，本地消费了约 186000 担；1901 年，英国棉纱进口量 3500 担，完全用于本地消费。这些原料的价格一定会对后续商品需求上升产生影响。这一年，英国棉纱的市场价是每担洋例 32 两，孟买棉纱为洋例 31 两，日本棉纱为洋例 27 两，中国棉花每担只需洋例 16 两。1901 年从上海进口的棉纱为 14269 担，每担价格洋例 25 两。

食盐一向被视为湖北最重要的商品之一。湖北的食盐产自应城，但产量远远不能满足人们的需要，大量食盐从沿海地区和四川进口。政府对食盐实行专卖，并进行严格监督，据说仅湖北各盐场、农场、舢板上的雇员就达 100000 人之多。食盐从生产到消费的整个流通环节，有各式各样政府、慈善和其他名目繁多的税收，达 42 种。

湖北每年食盐消费总量估计为 2400600 担，其中淮盐 1038000 担、四川井盐 1136600 担、湖北盐 8000 担、各种走私盐（占 10%）218200 担。每年盐税总额达 3777430 关平两①，具体分布情况：海盐 1452000 关平两，川盐 2316200 关平两，湖北井盐 9230 关平两。

毫无疑问，食盐作为生活中最重要的必需品之一，政府对其实行的

① 100 关平两＝107.143上海海关两。

是重税政策。对大多数中国人来说，这是他们食用大米唯一的一勺调味品。湖北人口约为2400万，每人每年消费进口食盐约10斤。

据报道，淮盐在海边工厂每担只值444个铜币，这种质量的食盐每担税收1.59关平两；加上运费和其他费用，每斤售价为54～56个铜币，这是政府规定的零销价，留给商人的利润已经很微薄了。

中日之战后，为了支付赔款，中国政府向英、德两国借款16000000英镑，以盐税收入作担保，并把税收监督之权交给了帝国海关。1898年，一个具体负责盐税收入的机构在汉口组建，每年食盐税收500000关平两，这包括了宜昌盐务税监每年向它上缴的规银250000两。从1901年11月30日开始，为缓解湖北因义和团运动和赔款带来的财政紧张，食盐每斤增加了2个铜币的税收。

前面我们已经提及应城井盐，它们位于湖北德安府应城城关北部和西部山区，年产量8000担，这些盐井出产的食盐有苦涩味，带有石膏的特征，因而，也称为石膏盐。分摊给这些盐井每天的税收是3300个铜币，食盐的零售价为每斤40个铜币。

1892年，豆饼出口量只有24400担，以后逐年增加，1900年达到822600担，1901年趋向减少，下降为535300担。1892年，煤炭出口总量为44100吨，1901年增加到74100吨。石膏出口量也呈上升趋势，从1892年的144500担提高到1901年的337100担。1892年，由于上海和镇江两地农作物减产，汉口向这两个地区提供了大量的谷物，出口总量为1275000担。1895年，湖北、湖南两省减收，两省从镇江进口了大量粮食。1898年再次有谷物出境，总量为41700担，第二年为229800担，1900年达到了533200担。但1899年稻米出口被禁止，1900年和1901年稻米出口量分别只有1500担和5200担。这十年里烟草出口也有所发展，1892年为50000担，1898年上升到123000担，此后略有下降，1901年为101500担。木杆是汉口的出口产品之一，这十年里形势看好，1892年运出276800根，1901年输出总量达到497100根。

下面这几种产品尽管是出口上海，但很清楚，它们最终转运到了国外：1895年锑矿石开始外运，是年出口1008担，以后逐年增加，1900年达到73135担，第二年减少到只有55507担，价值洋例127187两。1892年猪鬃出口总量为2035担，1901年上升到5990担，价值洋例232889两。1898年，白鹭毛开始输出，但数量很小，只有754担，第二年增加到1206担；由于时尚的变迁，1900年需求量猛然回落，只有756担，1901年为286担。毛皮贸易——皮革和布匹——直到1900年还没有什么地位，在义和团运动中，毛皮市场从天津转移到汉口，毛皮需求量急速增加。外国人对这项生意的兴趣越来越浓，一旦铁路竣工，大的发展是在预料之中的。

皮革是汉口对外贸易中的当家产品之一。欧洲和北美对牛皮的需求量很大，推动价格一路走高。十年初牛皮每担价值关平银10.9两、水牛皮每担7.6两，1898年分别提高到19.5两和9.75两，1901年的报价更是分别提高到了20两和12.5两。由于商人从中获利甚微，价格的猛涨似乎并没有在这项产品数量上引起连锁反应，数量的增长速度是缓慢的，1892年出口50000担，1901年是162635担。牛皮烘干后，在汉口初步加工，然后打包出口，主要消费市场是美国和欧洲大陆。

销往国外市场的大麻、麝香、丝绸数量也很大。下列产品出口的增加引人注目——用于生产清漆的桐油，1892年出口284000担，1899年上升到335000担，1901年有所下降，减少到280000担；芝麻油1892年出口8400担，1901年提高到18200担；芝麻从1892年的45200担提高到1901年的453000担；植物蛋白从1892年的139000担上升到1901年的200000担。京汉铁路开通后，这些产品的发展前景将更加可观。

这十年里茶叶贸易严重萎缩。一个令人悲哀的事实是，曾经占据世界市场且地位牢不可破的中国茶逐渐为印度茶和锡兰茶所排挤。这种局面应完全由中国种植主们负责，他们对所有建议置若罔闻，拒绝运用先进的种植方法和生产技术，思想保守，加上沉重的茶税给茶叶出口以致命的打击，看来要恢复这项濒临绝境的贸易是十分困难的。然而，几年前还有几艘大的货轮满载茶叶从汉口始发直航英国，过去两年，直航货轮已经停运，只有零星货源运往上海，转运到英国。30 年前，中国提供了世界茶叶消费量的 86%，现在只有 25%。廉价的印度茶和锡兰茶充斥了伦敦市场，它们辛辣而浓烈的味道似乎更能赢得消费者的喜爱。对于贫苦阶层来说，这种溶水量大、能够产生黑色汁液的茶叶更受青睐。令人难以置信的是，人们多花几便士就可以买到一磅没有差异的茶，他们拒绝了色泽好、味道正的中国茶，而偏好它的竞争对手——品质下等的印度茶。我想中国茶要夺回在世界市场上失去的优势，必须在种植上更精细，在加工上采用近代机器，减少税收，只有这样，中国这项最大的土产才可望有繁荣之日。

幸运的是俄国人仍然钟爱中国茶，需求量还在不断上升。1892 年，俄国从中国进口茶叶 2700 万磅，1900 年达到 4300 万磅。大量茶叶经汉水运到西伯利亚和蒙古。

美国和加拿大对中国茶叶有一定的需求，但数量不大，并时有起伏。

砖茶和小京砖茶贸易的重要性在加强，现在每年约有 200000 担销往俄国，约有 25000 担销往西伯利亚和蒙古。

该埠茶叶贸易的重要性可以通过下表数据来评估：

表 2—5　1892—1901 年汉口茶叶出口及关税情况一览表

品种	1892—1901 年	
	出口总值（洋例）	关税（洋例）
茶叶	66484021	8832197
红砖茶	14640567	1098922
绿砖茶	11124796	951678
小京砖茶	650211	75819
经汉水运往西伯利亚的茶叶	6874185	116127*
经汉水运往西伯利亚的砖茶	1996804	50171*
十年总额	101770584	11124914

注：* 为厘金。

当旅行者接近汉口城时，第一眼就能看到林立的烟囱，它们充分展示了一个工业城的面貌；在汉口和武昌两岸，你还能看到许多其他重要设施的标志。

在日租界，首先映入眼帘的是上海商人开办的火柴厂。该厂于1897年开机，日生产能力为430000盒，每盒最低价格3个铜币；雇佣工人1200人。火柴主要在本地及附近地区销售。

在法租界有一座蛋白质工厂，从前曾有5家这样的工厂在不同租界开工。尽管它一度是最繁荣和有利可图的产业，由于售价太低，当地蛋业价格太高，加上来自本地和其他口岸同类厂家的激烈竞争，严重影响了这一产业的发展，现在仅剩下一家还在开工。另外一个竞争者是化学蛋白厂，它产生于欧洲，相比中国运来的天然蛋白成本要低。化学蛋白工业在汉口开始于1898年，前景十分看好：这一年蛋白质销售1012担，价值洋例25323两；出口蛋黄8251担，价值洋例37121两，它们主要销往欧洲。1899年，蛋白质销售增加到1541担，价值洋例38524两；蛋黄11582担，价值洋例52154两。第二年这个数字接近翻了一番：蛋白质销售2373担，价值洋例59356两；蛋黄销售18928担，价值洋例85222两。1901年需求量突然下跌：蛋白质只有951担，价值洋例18159两；蛋黄4017担，价值洋例18084两。蛋白质工业的发展为鸭蛋的销售打开了市场，引起了鸭蛋价格的上浮，从每枚3～4个铜币上涨到6～8个铜币。总的来看，鸭蛋更受到偏爱，但对特殊订单，鸡蛋也会被运用。这项工业的加工过程是把蛋黄从蛋清中分离出来，剩下的蛋清放到浅盘里，经蒸汽加热，蒸发水分，剩下的就成为胶状薄片。它主要运用于工业，诸如摄影、染料、糖果等。它的化学替代品已经出现，似乎效果还不错，而且生产成本低，价格低廉。蛋黄与2%的硼酸水混合，盛装在桶里，它主要用于调制皮革和清漆。

在俄租界有两座砖茶厂，还有两座在英租界，它们无疑是汉口最重要的工业企业。其中三个早在1892年之前就存在了，第四个开办于1893年8月。这些工厂装备有最先进的砖茶制作机、发电设备，后者为成千上万的当地居民提供生活保障。小京砖茶要求用优等茶末制作，砖茶原料是一般的普通茶末，每担价格为关平银6～7两。为了对汉口土产中这一最重要的项目进行评估，这里我提供一组数字：这十年通过海关运出的砖茶和小京砖茶总值为洋例26415574两。四个工厂共有砖茶压榨机15台，小京砖茶压榨机7台，前者最多时每天能生产120篓，后者为21篓。砖茶每篓内装64～80块，每块2.75磅，小京砖茶每篓可盛装408～504块，每块0.25磅。这种茶主要销往西伯利亚。由于交通不便，用篓盛装是再好不过了。

溯江而上，清晰可见屹立于岸边的钢铁工厂，即著名的官办汉阳钢铁厂。上一份报告我们对此进行了广泛而翔实的载述，这里不再赘述。它由张之洞总督创建，主要目的是为京汉铁路生产钢轨。看来它已达到了预期的目的，沿线的铁轨主要由该厂提供。钢铁厂的建设早在11年前就已开始，但它的运转很不正常，即便应对小的订单。1894年出口生铁1100吨，第二年只有几吨，1896年管理情况有所好转，从钢铁厂所获得的数据显示，钢铁工业具有健康而光明的未来。近6年，钢铁厂已生产生铁26800吨，铁棒700吨，钢棒1600吨，钢轨22100吨，熟铁3700吨，此外还有各种货车和工具。高炉日产生铁80吨，有时一天能达到104吨。钢铁厂的所有矿石全部来自黄石港富饶的铁矿。在大冶地区，每月平均有4500吨的用量，这里是世界上含铁量最富集的地区之一，含铁量达到64%。高炉每月用煤4500吨（从日本进口）、炭3500吨。炭主要产自湖南醴陵河畔的萍乡煤矿。煤炭供应的紧张状态很快会得到缓解，因为在萍乡和大冶已探明储量丰富的煤炭，而且开采成本低，不久能代替从日本进口煤炭。与矿区连通的铁路还在建设中。钢铁厂曾一度雇佣欧洲人40名，主要是比利时人，但不久只留下了4人。

在武昌有张之洞总督创办的湖北棉纺厂，1893年1月竣工，装备织机1000部，日产布料360匹。下表是该厂投产以来的生产情况：

表 2—6 1893—1901 年湖北棉纺厂生产情况一览表

年份	本色布（匹）	斜纹布（卡其）（匹）	棉纱（匹）
1893	—	—	2013
1894	70288	5970	4413
1895	94690	4255	7263
1896	72980	1560	18868
1897	40870	—	7281
1898	26501	—	18952
1899	14886	—	41162
1900	4731	—	25419
1901	5970	—	10331
总计	330916	11785	135702

1895 年 8 月，武昌铸币厂建成，每年产铜元价值 300 万两，10～20 分币价值 100 万两。另一个铸币厂于 1898 年建成，主要用于铸造铜币，由于铜价上升，铸造铜币无利可图，铸币厂转向铸造银币。下表是它们投产后的生产情况：

表 2—7 1895—1901 年武昌铸币机构生产情况一览表

年份	铜元（枚）	分币（枚）	总计（枚）
1895	240300	—	240300
1896	348361	154218	502579
1897	1127359	486340	1613699
1898	2121834	444227	2566061
1899	2832726	2159716	4992442
1900	567725	2991960	3559685
1901	421597	287885	709482

位于武昌江边与英租界隔江相望的是一家锑矿厂，两年前由法国的瓦拉德公司创办，这家企业十分重要。锑、锌、铅由专职人员进行粉碎、鉴定和分析，最现代的机器设备，包括从德国和美国进口的5台38千兆粉碎机、5台精选机，日夜不停地工作。

锌、铅矿石主要来自湖南的水口山，每年碎取约3000吨。锑矿石是衡州出产的，每年提炼约2000吨。它们主要出口美国、欧洲和日本。为了使读者认识这种优质矿，我把三种矿物的分析结果抄录如下：

表2—8 锑、锌、铅矿石成分分析一览表

锑矿石		锌矿石		铅矿石	
成分	百分比	成分	百分比	成分	百分比
硅	6.36	硅	4.38	硅	1.47
铅	缺	铅	7.82	铅	72.76
铁	0.4	铁	5.00	铁	2.08
钾	微量	铜	0.92	铜	0.75
锑	65.40	锌	51.65	锌	5.57

在锑化氢矿石中已发现含锑高达50％～80％；在闪锌矿石中，铅的含量为15％，锌的含量为45％；在方铅矿石中，铅的含量竟高达70％～80％，锌为10％，但没有发现铅的氧化物。

与汉阳钢铁厂相邻的是湖北火药和枪炮制造厂。全厂设备从德国进口，日产来复枪30条、迫击炮5门。这里也能制造无烟火药和大量弹药。兵工厂所用的铁由汉阳钢铁厂提供。

对汉口港乃至全国来说，一个极为重要的事件是1896年10月20日大清皇帝敕谕兴修北京至汉口的铁路，1898年9月11日皇帝敕令直隶总督和湖广总督向外国筹款筑路，同时任命盛宣怀为清帝国铁路总帮办。

1898年6月26日，由金融家和企业家组成的“营造社团”在布鲁塞尔和巴黎组成。它们已与两位总督就筹款和筑路问题达成了协议。

1898年4月，公司发行债券225000股，每股500法郎，合计112500000法郎——利率为5%，偿还期20年。几经勘查和商议之后，最后确定铁路的线路是北起北京附近的卢沟桥，经保定府、正定、顺德、彰德、卫辉，过荥泽附近的黄河，然后走信阳，抵汉口。

在北段，C. W. 肯德先生主持修筑了卢沟桥至保定段，1899年10月1日，这段铁路由新近成立的一家公司接管。汉口段于1898年3月正式开工。

1900年秋，“营造社团”与联军总司令达成协议，承揽卢沟桥至前门（北京城的主要城门）10英里铁路的修筑，从而把帝国首都与主要铁路线连接起来，卢汉铁路也由此更名为京汉铁路。

在北部，已铺设的铁轨长达165英里，北京至正定段已经开通。在南部，汉口至新店长约114英里的线路也已竣工，在我从事本报告写作时，汉口至广水段98公里铁路已经通车。铁轨采用标准轨幅，据估计，每公里整个设备的造价是125000法郎。汉口至北京总长度超过800英里，预计三年内京汉两地可以贯通，机车运行大约60个小时。

参加该线建设的人员包括40名法国人、30名比利时人、25名意大利人、12名其他国籍的公民。此外，还有大量的外国承包商，主要是意大利人。中国劳工由地方摊派，在一些地段有时集中苦力达4000人之多，平均日工资约200个铜币。建筑董事会设在布鲁塞尔，金融董事会在巴黎。斯托克莱特先生担任该社团主席，他定居在布鲁塞尔，驻华总监是杰多特先生。

北京已由天津、山海关铁路与跨西伯利亚大动脉连接起来；拟议中的汉口至广州铁路（已为美国董事会，即美国华美合兴公司所控制）将以汉口为终点。人们不难看出这些把中国心脏与欧洲联结起来的铁路网将会迅速而广泛地启动清帝国贸易的发展。政府准备在汉口下游4英里处兴建大型码头和货栈，以便使大型海轮可以停靠，装卸往来内地的货物。这两条铁路贯通沿线各省矿产和农业资源丰富的地区，构思宏伟，随着岁月的流逝，它们对中国的发展及中国与国际交往所发挥的作用，人们将会有更明晰的认识。

在我从事这份报告写作时，火车已从汉口下游 4 英里的刘家庙始发，可望不久从汉水附近的车站开出，在法租界背面另外还有一个搭乘旅客的车站。

乘火车到广水的旅行是轻松愉快、饶有情趣的。1901 年圣诞节上午 7 点 30 分，火车从刘家庙出发，通过三座桥梁（第一座 90 公尺，中间一座 181 公尺，第三座 240 公尺），穿过朱家河，往西北方向前进，途中停靠滠口、祁家湾、三岔埠、孝感、三岔港、花园、万家店，下午 1 点 30分抵达广水。铁路全线差不多与河—岸—河平行，在淮阳山区打通了第一个隧道。这条线路途经水源充沛、河网密布的地区，跨越桥梁 58 座，全长 2128 公尺；其中两座 240 公尺，一座 200 公尺，一座 180 公尺，两座 120 公尺，其他的是 6～60 公尺不等。在三岔埠一带坡度开始上升，到广水地面高出海平面 400 英尺，高出汉口 225 英尺。这一地区由于纬度的原因，气候宜人，风景秀丽，与汉口往来方便，被外国人视为理想的避暑场所。

正在延展中的铁路在武胜关穿过隧道，隧道长 1230 英尺，与汉口相距 109 英里，高出海平面 426 英尺。隧道已经凿通，让人感到不舒服的是，火车可以通过了，但两边的壁墙还没有装修。过了隧道后，铁轨铺到了新店，这里有一个车站正在修建；继续北上，铁路抵达距信阳 4 英里处的易苏河（I-su-ho），跨河大桥正在建设中。从隧道开始，地势逐渐平缓，铁路进入广袤、富饶、人口稠密的黄河平原，在荥泽附近渡过黄河。黄河铁路桥的建设是铁路全线最为棘手的一项工程，具体方案还未拟出。然而，据设想它的跨度要求超过 10000 英尺，是迄今为止世界上最长的桥梁。

还应补充一点，前面也已经提到，铁路全线的铁轨由汉阳钢铁厂提供。已经交付并铺设的大约有 22000 吨。桥梁和其他铸造部件从日本、美国和欧洲（主要是比利时和法国）进口。

上面我们已经提及广州到汉口的铁路，即粤汉铁路。铁路的建筑权已让与美国已故参议员布赖斯[①]，为此他组建了一个美国董事会，比利时人认购了其中的大部分股票。美国著名工程师威廉·巴克莱·帕松斯对线路作了初步勘探，但具体规划还未出台。据估算，线路总长度约为750英里，终点站设在汉口对岸的武昌，如果把支线计算在内，总长度将增加到900英里。清政府准备发行债券42500000美元；根据清政府与美国华美合兴公司达成的协议，债券的发行由该公司经手，利息5%，50年后偿还。为这条铁路准备的物资已经汉口发往岳州。

矿业，在这方面我收集到的可靠资料较少，仅从所见的贸易报告来看，无疑湖北和湖南矿产资源十分丰富，现在已得到初步开发。从长远来看，它们一定会成为两省重要的财政支柱。

大冶地区许多年来一直出产优质煤炭和铁矿石。外国人和中国人所经营的矿区运营都很正常。这里出产的铁矿品质上乘，有时被运用于日本政府铸造厂，私立造船厂也用它来制造钢铁。除了大量经上海出口外，特许货轮还直接到矿区把矿石运往日本。汉阳钢铁厂的几乎所有原料主要依靠这个矿区。据称矿石含铁量高达65%，它是已知铁矿中含铁量最高的矿石之一。

另一个重要矿区是萍乡，出产煤炭。它位于湖南、江西交界处。目前这个矿区日产煤约1000吨，如果交通设施有所改观，产量会有较大的提高。矿区地处醴陵河上游，为了拦水灌溉农田，河道上堤坝林立，即便是用小木筏来运煤都有困难。与粤汉铁路接通的铁路正在铺设，已有6公里铺设完工，预计今年可以与醴陵城接通（这里是粤汉铁路的一站）。萍乡煤质优良，完全可以与澳大利亚煤相媲美。汉阳钢铁厂的用炭就取于这里，每月用量为4000吨。

有一个事实很明确，两湖地区的矿产资源是丰富的，但可信的资料

---

① 布赖斯（1845—1898），美国参议员，铁路建筑者。1895年中日甲午战争结束后组织美华合兴公司，来华承揽粤汉铁路建设，后来该公司把建筑权转让与了比利时。译者注。

还很少见。已经探明的有煤、铁、锌、锑和其他金属，而且蕴藏丰富。不少矿区采用原始方法开采了好几百年，多数仅限于表层，地层深处财富的开发只有等到运用了现代机械才可能见诸于世。

（c）收入。关于收入情况，下面我附上一份比较关税表，具体情况就用不着作更多的解释。这十年里长江贸易体制发生了重大变化。1862年颁布的《长江通商统共章程》规定长江内河各口岸不征进口税，1899年重新修订后的章程付诸实施，汉口和其他内地口岸取得了与沿海口岸同等的地位，征收进口正税。这一年汉口的关税收入为洋例2398929两，以下是汉口开埠以来的关税收入情况（见下页表）。

（d）鸦片——上一份十年报告曾经预言，中国自己出产的鸦片将最终取代外国烟土，这十年的统计表明这一点已经成为现实。外国烟土的税收显著减少。1887年鸦片协定签署前，中国几乎不出产鸦片。1882年的贸易报告显示，通过汉口海关的鸦片进口总量只有205担。由于对鸦片的种植没有什么限制，本国烟土就填补了市场的不足。这十年的头一年（1892年）从四川进口的鸦片为2305担，1901年增加到12840担。

十年里从四川涌入汉口的鸦片总量为75377担，其中大多数转口到了其他地方，实际净进口只有3434担。其次是云南的鸦片，进口总量为16745担，有757担用于本地消费。其他的还有贵州、陕西、江苏的鸦片，但数量较小，可以略而不计。

表 2—9　1892—1901 年汉口关税收入情况一览表

年份	进口（不含鸦片）（洋例）	出口（不含鸦片）（洋例）	沿海贸易（除鸦片）（洋例）	鸦片（进出口和沿海贸易）（洋例）	吨位（洋例）	过境（洋例）	鸦片厘金（洋例）	总计（洋例）
1892	302.267	1579008.353	113014.799	22512.248	3229.000	117322.829	59747.400	1895216.892
1893	5845.532	1880561.740	164967.347	22622.350	4216.100	81115.724	60146.000	2219474.793
1894	2609.143	1827538.967	102097.392	21922.000	6187.400	80806.310	57722.000	2098883.212
1895	5147.499	1901449.134	61230.629	17442.100	6304.100	105420.430	46002.400	2142996.292
1896	11771.201	1641364.941	42838.383	16229.513	13494.900	132920.756	42639.400	1901259.094
1897	19827.175	1640947.353	114206.144	15493.050	17864.500	175360.196	41314.800	2025013.218
1898	7023.754	1839268.470	132464.969	14073.800	15268.400	148901.813	37411.200	2194412.406
1899	74327.658	2124504.708	96727.873	12403.350	17491.800	125630.188	33037.200	2484122.777*
1900	89127.334	1775567.379	86493.795	12947.566	215S2.580	95770.594	34260.540	2115759.788
1901	136448.074	1664638.626	107618.214	13421.652	28947.780	102552.175	34041.680	2087668.201
总计	352429.633	17874929.671	1021659.545	169067.629	134596.560	1165801.015	446322.620	21164806.673

注：* 总收入，没有扣除长江沿海贸易赤字的洋例 85193.554 两。

下列表格显示了外国鸦片的进口净值。

表 2—10 1892—1901 年外国鸦片进口净值表

年份	外国鸦片（担）	年份	外国鸦片（担）
1892	497	1897	233
1893	479	1898	180
1894	467	1899	174
1895	352	1900	165
1896	271	1901	148

毫无疑问，本地鸦片价格的低廉与鸦片贸易形势逆转有密切关系。1892 年，白皮土每担价值关平银 477 两，现在上涨到 700 两；1892 年，公班土每担 426 两，现在达到了 638 两。然而本国鸦片的价格却没有什么变化，如四川鸦片每担 287 两，云南鸦片 330 两。

（e）随着汉口的发展及其重要性的日益增强，对外国银行的信任感也在加强。1863 年成立的麦加利银行以及 1868 年开业的汇丰银行在这十年里发现了不少新的竞争对手。1898 年，华俄道胜银行在汉口设立分支机构；1898 年和 1902 年相继开业的还有德华银行、东方汇理银行；1902 年底一家日本银行——安田银行在汉口设立了一个重要支行。随着金融机构的日益增多，资金流动加速，汉口的贸易将会日趋繁荣。

中国人增强对外国银行的信心，可以从两个方面来判断：一是银行客户数量增加，二是中国人越来越希望使用外国银行的纸币。汇丰银行在 1886 年 12 月发行了关平银 1 两和 5 两两种纸币。1899 年和 1900 年华俄道胜发行了银两票（tael notes），在义和团运动中由于在北京发生大范围抢劫事件，银两票后来为银元票（dollar note）取代。

这十年里总督也发行过本地银行的纸币，面值 1000 铜币。所有衙门和铁路付款都用这种纸币，并且在市面上流通。

本地大钱庄的数量增加了不少，上一份十年报告里记载只有 24 家，现在达到29家，其中12家资本不少于关平银4000000两，其他几家也都有1000000两。除此之外，还有500家小钱庄和现金兑换店，它们的资本在10000两到100000两间不等。这十年里没有出现钱庄破产的情况，这表明管理情况已有了较大的改观。

本地钱庄的利息随季节变换而变化。在冬天，中国旧历新年临近之季；在春天，茶叶急需贷款的时候，利息升高。例如，去年早些时候利息在3.65%～7.3%之间，但11月4日上升到每月高达14%。1899年更高得惊人，达到每月28%。

现金兑换业这十年里损失惨重。几年前关平银每两值1600枚铜币，1897年降到1299枚铜币，现在关平银每两能换得1326枚铜币。其原因是铜的市场价升值，以至于人们直接使用铜币支付给熔炼厂而不去购买粗铜。1891年，当局严令铜钱外流以弥补市场短缺，但效果不明显。统计表明，铜币数量仍在继续减少。

这期间美金汇率没有什么变化，汇价大约是一美金兑换65～66关平两。

下面表格显示这十年英国货币与关平银以及铜钱和关平银最高和最低汇率的变化。要补充一句的是，为了证明汇率的大幅度降低，兹举一点加以说明：1890年汇率创下历史最高纪录，最高值6先令，最低值是4先令9便士；1901年最低时只有2先令8.625便士。

表2—11 1892—1891年英国货币与关平银、铜钱与关平银汇率表

年份	英国货币最高汇率	英国货币最低汇率	铜钱与关平银的汇率
1892	4先令8.25便士	4先令1.5便士	1573
1893	4先令3.25便士	3先令5.75便士	1527
1894	4先令6.125便士	2先令11.75便士	1605
1895	3先令5.1875便士	3先令0.25便士	1500
1896	3先令5.375便士	3先令2.75便士	1331
1897	3先令3.25便士	3先令6.75便士	1299

续表

年份	英国货币最高汇率	英国货币最低汇率	铜钱与关平银的汇率
1898	3 先令 0.75 便士	2 先令 9.03125 便士	1362
1899	3 先令 0.75 便士	2 先令 10.25 便士	1387
1900	3 先令 3.4375 便士	2 先令 11.875 便士	1370
1901	3 先令 2.5 便士	2 先令 8.625 便士	1326

在我写作之时，汇率还在持续下滑，这对那些有固定白银收入和英币负担的人来说前景令人沮丧。虽然如此，在中外商人面前却显露出一片光明。由于汇率有利，他们把土特产以低廉的价格投放到国内市场，以此对抗来自世界其他地区同类产品的竞争。

为了完成好这份报告，这里附上一份以关平两为基准，过去十年之中贵金属进出口的情况：

表 2—12　1892—1901 年贵金属进出口值一览表

年份	进口（洋例）			出口（洋例）		
	黄金	白银	铜币	黄金	白银	铜币
1892	87670	3137027	398618	42621	1357927	1580
1893	85386	6725611	124214	74478	1584220	420
1894	58660	11251743	5894	61480	3128576	13260
1895	48000	14138061	103554	42048	3531403	18000
1896	104440	10943957	22690	33070	3470008	—
1897	114623	7554945	58666	51610	3061082	—
1898	38080	7773667	20538	78537	4344684	—
1899	1600	11262078	474	36400	6370221	—
1900	16500	12763299	—	16500	5180642	—
1901	—	7246605	—	—	1881641	58848*
总计	554959	92796993	734648	436744	33911405	92108

注：* 以中国银行纸币计算。

（f）下面是过去十年进出汉口商品的比较值：

表 2—13　1892—1901 年进出汉口商品比较值一览表

比较值	洋例	比较值	洋例
外国产品进口市场净值	161250596	原产地产品出口市场值	269848472
本国产品进口市场净值	62977871	含汉口支付的关税	17875988
进口净值	224228467	出口（含关税）	287724460
扣除关税及在汉口支付的厘金	1418628	含 8%出口商利润的市场值	21587878
净进口（减去关税）	222809839	出口（上船时的价值）	309312338
扣除 7%的进口商利润	15596688		
进口（上岸时的价值）	207213151		

（g）人口——至于中国人口，要想获得一份可靠的统计表几乎是不可能的，但有把握一点地说人口增长显著。随着新租界的开辟、铁路的铺设，人口的增长会被记录下来。各贸易报告记录的本地旅客进出口港数据，为我们观察本埠人口变动情况提供了一个很好的风向标。中国人口在许多方面诸如构成、特征、职业等已经发生了很大变化，随着多样化工种对劳动力需求的增加，这一地区的人口特点也会发生变化。

当人们着手考察本埠外国人口的时候，或许会对本地人口的真实情况有一个较为明晰的了解。1892 年在各领事馆注册的外国人 374 人，外国公司 45 家。现在（1901）有外国人 990 人，公司 76 家。下面的表格是 1901 年外国人在汉的数字。

表 2—14　1901 年在汉外国人情况一览表

国别	男人	女人	小孩	总数	公司
美国	70	54	70	194	8
澳大利亚	1	—	—	1	2
比利时	38	2	—	40	6
英国	100	45	50	195	26
荷兰	—	—	—	—	—
法国	60	11	3	74	7
法国保护国	5	1	2	8	—
德国	75	5	7	87	10
希腊	6	1	—	7	1
意大利	102	30	3	135	2
日本	57	17	—	74	4
葡萄牙	15	—	—	15	1
西班牙	53	—	—	53	—
瑞典	40	—	—	40	—
俄国	48	7	9	64	7
俄国保护国	2	1	—	3	1
总数	672	174	144	990	76

居住在这一地区的外国人在构成、特征、职业等方面也发生了很大的变化。汉口特征的变化引起外国人口构成发生相应的变化。

上海和其他地方的许多商行在汉口设立了分号，在该埠的外国商店差不多有 11 家。

(h) 见 (a)

(i) 港口和河道的变化不大。长时期里，从长江上游和汉水冲积的泥沙在这一地区逐渐形成沙洲，给航运造成了诸多不便，尤其是冬天。在我考察的这段时间里，这些障碍也未能幸免。据说三个租界堤防建设与德租界下游过去年形成的浅滩有较大的关系，由于他们变化很大，很难进行标注和装灯。

我将把一份河水涨落图表附在后面，从中可以看出变化速度之快是何等的惊人。1896年和1897年水标高出零平面46英尺7英寸；1901年7月水位也达到同样高度，同一年3月降到零平面下3英尺2英寸，这是自1865年以来的最低纪录。

（j）十年里这一地区共装备岸灯5个。

（k）尽管中国在这十年里经历了许多不愉快的事件，应该承认汉口及其邻里遭受横祸的损失很小。上个十年尾爆发的哥老会骚乱在长江流域引起了极大的恐慌，但对本埠影响不大。1894年，谣传骚乱即将来临，外国人为此作了应急准备，并组织了一个志愿团，大约有25人报名。由于地方当局的警觉，骚乱避免了，志愿团解散。正是这一年，比利时罗马天主教传教士在宜昌教区被杀。1898年，不安定的谣传又沸沸扬扬，志愿者再次报名，像上次一样，他们没有发挥任何实际效力。

1900年在北方爆发了义和团运动，在公众头脑里这是一件十分新奇的事。汉口的居民对此忧心忡忡。应该感激张之洞总督，他以其令人称道的魄力平息了所有反外国人运动，保护了外国侨民生命和财产的安全。在这一工作中，他得到了汉口道台岑春萱的极大帮助。志愿者再次报名，这次登记的有125人。总督还伸出友谊之手，向他们提供武器。

这一年8月21日，根据所得情报，中国当局在市政警察的配合下于午夜对英租界边角的一幢房子发动突然袭击。经查实，房东系哥老会成员①、康有为的追随者。在他们的住所还查获不少获罪文件，总共有28名同谋被逮捕，其中有2名是伪装成日本人的中国人，1名日本陆军预备队成员，他被交给日本领事馆。2名叛党首领被迅速处决。还有20名经过审理后斩首。第二天早晨，一位自下游而来的中国旅客询问遭受袭击的住所，受到侦探的监视，后来被逮捕。从他身上发现的有金钱、武

① 歌老会系自立会之误。译者注。

器等，并查获了“中国自立会”的宣言、计划、信笺，以及武昌、汉口、汉阳同时起事的行动方案。它表明这是一起有文化人参与、旨在颠覆现政权的有组织的阴谋。①

1894 年 4 月 20 日，汉水发生大水，据估计约有 400 条木船被毁，1000 人丧生。此后几周商业萧条。这一事实说明汉水已成为重要的贸易渠道。

同一年 10 月 2 日，汉口发生了一场最为惨烈的火灾，大火焚烧了好几天，起火点从水塔附近开始，蔓延至汉水河边。火灾过后留下一条长 1.25英里、宽 600 码的废墟带，人员伤亡达到 1000～1500 人。此后还接连发生了好几次小火灾，人们猜测这是纵火者所为。

1900 年骚乱期间也接二连三地发生过几起火灾，幸运的是很快被扑灭，尽管有一些财产损失，但波及范围不大。

1901 年长江发生大水，造成的财产损失和人员伤亡惨重。

(l) 著名人物的来访——这十年里汉口接待了不少名人来访以及全球旅行者。访问该埠的名人中最显要的要数普鲁士王子 H. R. H. 亨利，即德皇的兄弟。1899 年 5 月 28 日，亨利王子乘坐德国巡洋舰抵达汉口。总督拜会了王子，王子进行了回拜。英租界在其建立以来唯一一次盛大地接待了两天，29 日晚更是装扮得灯火通明。30 日，王子为现在已经建成的德租界堤防奠基。

（m）下面是这十年湖北、湖南的科举情况：

① 此处所叙，乃指张之洞镇压自立军，逮捕唐才常等。译者注。

表 2—15 1892—1901 年湖北、湖南科举情况一览表

成绩	中榜人数	
	湖北(人)	湖南(人)
秀才	7675	7440
举人	259	303
进士	31	28
翰林	12	9
状元	—	—
榜眼	—	1 人——严铭绶
探花	—	2 人——郑沅、王龙文

(n) 这十年里本地文化界没有什么引人瞩目的变化。当地人开始学习外语无疑是令人欣慰的。除教会学校外，由总督帮助，在武昌兴办的一所大学开设了日语、英语、法语和德语（课程）。在这所大学里还有不少日本教师：3 名军事教导官，2 名助理教导官，2 名翻译，2 名军事卫生学讲师，2 名农艺学讲师，2 名桑蚕养殖学讲师，1 名日语讲师，1 名商情公报编辑。在汉口，铁路局也有一所学校讲授法语，目前有学员 60 人，主要培养为铁路服务的译员。

(o) 湖北、湖南两省的举人考试每三年举行一次，两省名额分别为 61 人和 72 人。1894 年西太后六十寿辰，皇帝诏谕两省分别追加 15 个名额。

秀才考试每三年举行两次，湖南秀才名额是 1573 人，湖北是 1548 人。

据估计湖北人口为 35000000 人。

至于多少人能识字，要得出一个百分比相当困难。似乎还没有见到教育有所发展的迹象。

(p) 湖北的地貌特征及其物产在上一份十年报告里已经作了详细描述，这里重复似嫌多余。丰富的矿产和取之不尽的自然资源在这份报告

的其他地方已经提及，有一点，也是十分重要的一点，这就是在湖北建立了铁路体系，无疑不远的将来在湖南也会再现。这将极大地刺激贸易的发展，也将为这一地区矿产资源走向世界打通道路。在我从事这份报告写作之时，煤炭还需大量从日本进口，然而就在与我们的门户只有咫尺之遥的地方就蕴藏着大量优质煤炭，由于缺少运输工具而难以进入汉口。不久这种状况会有所改观。同样的结论也适用于其他矿藏，如铅、锑等。毫无疑问，一般产品会大量涌入这个港口，经过航运远销世界各地。

（q）在上一份十年报告里这一主题已作了较长的论述，要补充的不多，因为此后的船舶管理没有什么改动。

在常关，一艘 5 英尺宽的货船如果载货，要缴纳港口税 695 个铜币，25 尺宽的货船为 9264 个铜币；如果空舱，则分别是 348 个铜币和 4632 个铜币。装载货物的船只称为杂货船，常关对其货物数量和质量不予检查。船只在进港或出港时，舢板进行结算，付费一次。这项收入由帝国国库拥有，而不由省分享。每年税额高达关平银 33000 到 34000 两。每年的帐目送呈户部。

要想获得有关关税和厘金方面的材料是很困难的，我这里所附的只是该埠主要厘金的大致情况（见附表二）。

（r）至于金融市场，如果把上一份十年报告里的评述与本篇（e）部分相关内容结合起来就可以看出这十年汉口的金融行情。

（s）1897 年 2 月 20 日（即旧历中国新年），新近成立的大清邮政官局在汉口设立分支机构。

1897 年 8 月，武昌分局、武穴分局开业。1901 年 5 月又在新堤增设分局。京汉铁路沿线在 1901 年 12 月底到 1902 年 1 月间相继设立了内地办事处，它们分别是孝感、广水、信阳、遂平、许昌、郑州。铁路的邮政传递两周一次，最远的地方是广水。许昌和郑州的邮件再由邮差运送，这两个邮局与隶属北京地区的开封的邮政往来也是两周一次。后来在汉口和九江间新设了一些分局：黄石、蕲州、黄州——这些都是客轮停靠的地方。

1900 年 5 月，汉口首次设立邮箱。目前汉口有 8 个，武昌有 10 个，汉阳有 6 个，武穴 2 个，新堤附近 4 个，这些邮箱是十分成功的，公众的使用日趋增多，他们或投递信件或邮寄包裹。

1898 年 1 月 1 日，汇款形式引入汉口、武昌、汉阳。这方面分支机构的增加是汇款方式越来越受到人们重视的重要证明。每元费用 2 分，与中国私人邮行相比价格适中。私人邮行每元邮费 35 分。

读者可以从附表三清楚看出帝国邮局建立后所取得的巨大进步。官局在其成长过程中既要与中国民信局和外国客局进行竞争，又要与公众对新邮局的不信任作斗争，直到它为公众所认识和接受。我将把汉口邮区的大致范围列在后面。

目前本地注册的私人民信局有 17 家，信件投递基本上是定期的，主要运送地点是江苏的宝应、浦口、东台；江西的广昌、奉新；湖南的平江、永州、衡州；安徽的旌德、桐城、无为、太平；湖北的大冶、兴国、夔口。据报道，这些私人邮行的经营还不错，与官局相处也比较融洽。

在汉口兴办客局的有英国、德国、法国、俄国、日本。地方邮局开办于 1877 年，帝国邮局建立后它就关上了大门。地方邮局在其存在期间，曾发行自己的邮票，第一套由本地承印，面值 11500 美元；第二套 5000 枚，在伦敦滑铁卢印制，面值 3350 美元；第三套 100000 枚，在日本印制，面值 67000 美元。地方邮局关门时，工部局手里还有 68000 美元的邮票未能脱手，大约售出 10000 美元。

汉口的英国邮局建于 1872 年，据称每月能收 1500 美元。

法国邮局建于 1899 年，统计显示，1901 年它收到信件 20000 封，转寄 5000 封。

德国邮局建于 1900 年。去年它收到信件 80000 封，包裹 350 件；寄送信件 66000 封，包裹 500 件。同时它还开办了一个电话业务，现已有 74 个电话用户。

日本邮局建于 1899 年 9 月。从建立之日起到 1901 年底，共收到信函 28781 件、包裹 266 件，投递信函 70102 封、包裹 689 件；汇出款额 31253 美元，支付汇款金额 3757 美元。这几年的收入总额 2880 美元。邮局下设了一个储蓄所，存款 5168 美元，支付 224 美元。

俄国领事馆的邮局只经营寄往俄国的邮政业务，信函由茶叶货船带回国内。

（t）这十年里长江贸易体系一个重大的变革就是废除了原先臃肿的管理机构，引入新的机制，使汉口从仅仅作为一个海关或纳税点一跃成为与其他开埠城市平起平坐的通商口岸。这种新体制的到来，必然要求增加海关职员，主要是中国人（实际上外国职员没有什么增加）。随着港口设施的改善，过往船只会日渐增多，海关的检验和监察人员必须增加，看来增加雇员已是大势所趋。

1898 年，湖北地区开办了一个盐厘征收机构，由政府委派专员负责，并配备了 1 名外国助手、2 名记录员。盐厘的部分收入当作偿还英德贷款的保证金。

（u）汉口在外国人眼中的变化无疑当推铁路。京汉铁路正在建设中，汉口段已有 100 英里通车，军队已动用过这条线向其他地区调动。随着时间的流逝，铁路的启用会越来越广泛、经常，由此对军事和工业所产生的影响是难以估量的。

总的看来，军事、工业、行政等方面的发展已远远超出了人们的想象。位于武昌的武备学堂正在培养出色的将士。棉纺厂、钢铁厂、枪炮厂已成为工业发展的有力佐证。尽管曾经有过挫折，十年里湖北总的状况在不断改善，管理在逐步改进。富有远见、正直、精力过人的张总督让两湖地区未来多种可能正在变成现实。陈旧的保守主义泡影已经破灭，下个十年关于汉口的发展将是一个颇有趣味的主题。

（v）上份十年报告里提到过基督教和天主教在该地区依旧很活跃。

意大利圣芳济会创建于 1839 年，它的活动范围主要限于湖北西部。14 名外国牧师、22 中国牧师、40 名本地传教士负责着 100 座教堂、小礼拜堂以及几所学校。该团宣称，在所属各学校有学者 600 名，改宗者

18664 人。在英租界，该教团还有一座修道院，有外国修女 27 名、本国助手 30 名。修道院内居住着 1300 名中国少女、157 名妇女，她们在这里主要学习饰带制造技术。教团还向一所为本地人提供服务的医院提供资助，进出这所医院的病患者多达千人。

西班牙奥古斯汀教团活动于湖南南部，拥有 22 名外籍教士、2 名本国教士，大约有皈依者 1500 人。

新教教团中最为重要的要数 1861 年开始活跃于这一地区的伦敦会，他们的领导者是声名卓著的教会事业开拓者约翰·格里菲斯（杨格非）博士。该会的足迹遍及湖北、湖南各地，创办了多所医院、诊所、学校，一所麻风病人养育所。据称受洗礼者达 4717 人。

美洲圣公会在这十年里也有较大的发展，皈依者达到 3350 人。教团的活动伸展到了长江上下游。几个月前，汉口新教学堂建立，詹姆士·A. 英格莱被推举为首任主教。

此外，中国内地会和许多其他教会都在湖南、湖北开展活动。1900 年的骚乱给宗教成员带来了极大的不幸。现在他们似乎已振作起来。

（w）上份十年报告里提到的会馆现在依然存在，数量目前没有增加。

湖南、湖北两省在帝国其他各省也有自己的会馆。

（x）张之洞除在中日战争期间在南京短期任职外一直担任湖广总督。

两湖地区出生的显要官僚中值得一提的有：陶模，湖南人，现为两广总督；李兴锐，湖南人，江西巡抚；饶应祺，湖北人，现为新疆巡抚；陈学棻、张百熙、李绂藻，除陈学棻出生于湖南外，其他人都出生于湖北，他们现在在京城帝国衙门担任要职。

（y）这十年里没有涌现值得一提的文学作品。然而下列书刊的问世却引起了人们极大的兴趣：《湘学报》，据说这是一份倡导著名改革家康有为学说的杂志，可惜只存在了 18 个月；《汉报》，定期出版了 7 年，1900 年因涉嫌介入了这一年的骚动被查封；《商务报》，它的出版得到了总督的支持。

（z）上份十年报告里有这样一个结论："展望下一个十年，我的观点和论述汉口贸易是一致的。这就是：发展是不可阻挡的，随着时间向下一个十年推进，人们将会发现 1901 年比 1891 年要好，1891 年要强于 1881 年。"可以保险地说，这一预言已经实现了，人们可以确信，当考察 1902 年到 1911 年时，本篇报告里所预测的可能性也将会成为事实。

各种迹象表明，不仅汉口，而且湖南、湖北两省在不远的将来都会有一个长足的发展。各种敌视障碍已经扫清，前进的步伐已经迈出。我们坚信，在前进的道路上赢得的将是和平与富足。

在编辑这份报告的过程中，海关职员门卡里尼先生为我提供了大量的资料，在此谨表谢忱。

代理税务司：斌尔钦

于海关署

1901 年 12 月 31 日

附表一　1892—1901 年各国船只进出口总吨位一览表

国别	1892 年	1893 年	1894 年	1895 年	1866 年	1897 年	1898 年	1899 年	1900 年	1901 年	总计
英国	935034	992248	984345	959043	1026310	1109853	1101059	1131495	1135487	1162621	10537495
美国	997	—	—	—	—	2124	2552	1923	1285	20238	29119
德国	4596	—	—	—	11074	2838	4954	13778	232504	555395	825139
法国	—	—	—	—	—	—	—	—	24	72	96
荷兰	—	—	—	—	—	—	—	—	—	8	8
丹麦	—	—	—	—	—	—	852	—	4978	—	5830
西班牙	—	—	—	—	—	—	—	—	216	—	216
瑞典挪威	6672	—	—	8932	35740	10222	8614	22562	9628	3654	106024
俄国	27504	29744	35316	36896	44956	41430	40078	53688	32048	48948	390608
澳大利亚	75406	36038	—	—	—	—	—	—	2634	4328	118406
比利时	—	—	—	—	—	—	—	2174	2440	—	4614
日本	1680	—	—	—	—	—	64198	121216	220281	280006	687381
中国	434889	483266	488687	508276	568307	616575	609753	629195	626148	602976	5568072
总计	1486778	1541296	1508348	1513147	1686387	1783042	1832060	1976031	2267673	2678246	18273008
外国	1051889	1058030	1019661	1004871	1118080	1166467	1222307	1346836	1641525	2075270	12704936
本国	434889	483266	488687	508276	568307	616575	609753	629195	626148	602976	5568072

附表二　汉口征收的主要厘金一览表

商品种类	计量单位	厘金	商品种类	计量单位	厘金
出口			黄蜡	每担	400
盐	每八袋(7.5 石)	关平银 6.48 两	白蜡	每担	600
牛皮	每件	9 枚铜币	豪华绸	每担	800
羊皮	每件	2	桐油	每大筐	64
水牛皮	每件	9	子囊	每担	120
五倍子	每担	100	长豪华丝绸	每担	400
植物蛋白	每块	50	进口		
动物蛋白	每担	50	白糖	每包	400
桐油	每筐	50	棉纱	每包	800
水牛角	每担	50	红糖	每包	268
玻璃	每担	98	海藻	每包	140
烟草	每包	90	木制商品	每件	300
大黄	每担	140	棉织品	每件	30
猪鬃	每担	600			
生丝	每担	1600			
芝麻	每担	40			
姜黄	每担	140			

附表三 1897—1901 年清帝国邮政概观表

汉口及其分局	1897 年		1898 年		1899 年		1900 年		1901 年	
	中国	外国	中国	外国	中国	外国	中国	外国	中国	外国
收到信件	38950	47937	62949	44829	85977	49623	189419	51164	228932	46385
收到报纸	2046	58677	2660	59527	4533	59993	4019	60931	7428	52873
发出信件	47699	61264	69871	46823	87483	46939	169959	46026	283833	49696
发出报纸	2361	16814	1697	8541	2923	4500	3225	7860	6584	12465
	数量	价值	数量	价值	数量	价值	数量	价值	数量	价值
收到包裹及其价值	6775	—	2919	13401.86 美元	3175	37487.81 美元	3529	59816.63 美元	4052	62351.87 美元
发出包裹及其价值	2635	—	1442	7349.41 美元	1805	13155.49 美元	2477	16841.14 美元	3676	34521.09 美元
	中国和外国		中国和外国		中国和外国		中国和外国		中国和外国	
收到登记物件	3390		6202		9369		13698		31188	
发出登记物件	4352		7327		9764		21368		31506	
在信件站寄出物件	—		—		—		29976		37150	
	数量	价值	数量	价值	数量	价值	数量	价值	数量	价值
汇寄货币次数及价值	—	—	759	5512.05 美元	1110	8559.23 美元	1262	9785.16 美元	3434	27587.12 美元
接收货币次数及价值	—	—	643	5229.75 美元	1418	11106.15 美元	2898	24447.61 美元	3219	26574.07 美元
	支付价值	运送邮件	支付价值	运送邮件	支付价值	运送邮件	支付价值	运送邮件	支付价值	运送邮件
支付给轮船公司的款额及运件	937.5 美元	2635	780 美元	2862	3943.50 美元	5245	4398 美元	5791	4740 美元	6384
总收入	8051.51 美元		22471.86 美元		29700.23 美元		32389.98 美元		43616.37 美元	

海关十年报告之三
(1902—1911)

1. 贸易与运输业——这份报告是在革命前后断断续续写成的。革命席卷了旧秩序，正如炮火、劫掠、毁灭给这座城市留下的只有断壁残垣、生灵涂炭、稀零炊烟。因而把1910年与1911年的贸易情况作点对比是必要的（1911年实际上限于头九个月）。评论大多局限于总的趋势，每年贸易报告则为铁路、重要产业发展提供了丰富而翔实的数据。从1911年的执行情况及其征候来看，在正常条件下贸易将大大超过前几年。上一份报告谈论并预言了进步的潮流，如果把这十年的历史用一个字来概括，那么只有“繁荣”一词再恰当不过了。

这十年涵盖了近代汉口，也可以说近代中国最重要的年头。它以义和团运动后的重建揭开序幕，以武汉飘扬未来共和国旗落下帷幕，这里的士兵时刻准备着继续与帝国主义作殊死较量，这里的人民在死亡和灾难面前无所畏惧，坚信他们的牺牲换来的将是同胞的自由。

从汉口人口构成来看，本地人远不及由于港口的诱惑（而来汉口的）来自远近各地的异乡人。因而使得居民构成复杂化，也更具有进步倾向，很自然，他们不满保守、故步自封的官僚们。

汉口不仅是华中土产贸易的集散点，而且还是一个重要的工业中心，开拓这里工业的先辈们经历了不少挫折，或因漠视外国专家的建议，或因产品价格低廉，或因聘用不专业的教习。但他们不断总结自己的失误，继续追寻富裕的目标。长期以来，汉口腹地的农产品是本埠源源不断的财富源泉，革命所带来的创伤有可能使武汉成为雄伟制造业中心的日子越来越近。

数以百万计的资金投资在建筑行业和加高地基上，已经构成贸易发展的严重障碍；另外占据大量资金的是地方借贷和土地投机，其影响更为有害。因为这些土地大部分效益极差，土地所有者表面上阔绰，实际上偿还抵押贷款利息都很困难。只要其他地方出现不祥之兆，如1907年的美国、1910—1911年的橡胶危机，其结果是这个口岸就会被金融危机所笼罩。本地鸦片投机贸易严重扰乱了整个贸易；货币贬值和土产品掺假更是贸易的大敌。尽管如此，除1911年因革命只有9个月外，贸易净值翻了一番，具体数字如下：

表3—1 1902—1911年汉口贸易净值一览表

年份	洋例（百万两）	年份	洋例（百万两）
1902	73.81	1907	115.07
1903	99.13	1908	120.03
1904	107.45	1909	125.30
1905	111.04	1910	135.30
1906	97.14	1911	118.00

而1892年的贸易净值只有洋例36900000两。

这十年的贸易总值是：

表3—2 1902—1911年汉口贸易值一览表

年份	洋例（百万两）	年份	洋例（百万两）
1902	100.32	1907	127.83
1903	133.15	1908	133.15
1904	147.90	1909	137.80
1905	122.09	1910	152.20
1906	109.66	1911	134.14

从1905年开始，船运公司为转运货物提供更大的便利，转运货物不

再记入本埠的来回票，汉口的进口和转口总值减少。1904 年长沙开埠，湖南不再直接从汉口进口商品，也不再直接向汉口输送商品，汉口商品要么是转运，要么是转口。

1906 年是唯一一个不景气的年景，白银价格居高不下，降低了进口值，也不利于出口，同时洪水的侵袭和灾害性天气，使农作物歉收。然而，贸易情况恶化的真正原因在于，为了铸币，1905 年有 15500000 两铜流入本埠，结果 1906 年铜的转口超过了进口 1200000 两，商业完全为这项投机生意所搅乱。

看来增长还是一种总的趋势。进口贸易从 1902 年的 59100000 两增加到 1910 年的 69120000 两；出口从 41230000 两增加到 83080000 两。转口从 26510000 两下降到 16900000 两。这种变化的直接结果是收益从 1904 年的 40460000 两降到 1905 年的 11050000 两。

根据每年贸易报告的详情，我把值得提及的几点归纳如下：

外国鸦片的进口从 192 担减少到 86 担；本国鸦片从 67 担增加到 1909 年的 5938 担，1910 年回落到 1577 担。政府明令禁止罂粟的种植后，投机之风日炽。

这十年里优质棉织品逐渐失去了市场，质量低劣的产品却占据了上风。棉纱贸易几经波折后恢复到了原来的水平。由于本地棉花的大量种植，本地产的床单布从 11100 匹增加到 21100 匹。本地棉纱从 8400 担增加到 1909 年的 65300 担，1910 年降到 30600 担。

毛织品跌落得极为严重，随着外国式样布料的上市，似乎又有所回升。妇女学会编织后，细毛线翻了一番。

铜大量用于铸币后，铜的产量从 2000 担增加到 1905 年的 453000 担，1910 年回到比较正常状况，为 3338 担。铁的产量增长较为稳定。铅和锡的产量虽说有所波动，从总的趋势来看是在下降。随着散装煤油的进口、原油、蛋白出口后，白洋铁从 1500 担增加到 52700 担。

人工靛蓝从 600 担增加到 17300 担，并仍然保持着很大的需求量。各种机械由于日常需要以及工厂建筑需要的变化呈现较大的波动性。日本火柴产量达到了 700000 打，已经把欧洲产品挤出了汉口市场。美国煤油从 14190000 加仑上升到了 20950000 加仑。煤油已远足到其他外国商品鲜为人知的角落。随着需求量的不断上升，它的地位越来越稳固。铁路原材料的需求自然与铁路发展速度密切关联——1902 年为洋例 250000 两，1910 年为洋例 756000 两——1906 年达到了历史最高纪录 4800000 两。糖风靡一时，但是作为一件奢侈品，也是一个地区繁荣与否最为敏感的指标：1902 年为 325000 担；1906 年为 626000 担；1910 年为 434000 担。外国木材也出现在本地建筑行业：1907 年为洋例 811000 两，1910 年减少到洋例 482000 两，它的利润不太理想。

本国产品进口十年初为 5700000 两，此后稳定增长，1910 年达到 14400000 两。煤从 1903 年的 500 吨上升到 1910 年的 315000 吨，其中大部分是萍乡煤，主要用于工业和运输业。不久，北京辛迪加的煤大量进入汉口，主要用于民用，从而把开平煤炭挤出了汉口市场。1908 年，煤炭在贸易报告里跃居显要位置，这一年入境的有 26900 吨，此后，逐渐增加到 180000 吨。煤炭也产自萍乡，完全供给汉阳钢铁厂。1911 年底，大冶煤首次露面，这预示着武汉将有一个廉价的半无烟煤的供应基地。夏布进口有所起伏，从 600 担增加到 5000 担。医药从洋例 410000 两上升到 1910 年的 711000 两，纸张进口从 12000 担提高到 18000 担，纸的需求量增加是由于报纸流布日广，文化教育逐渐受到人们的重视。丝织品进口量呈下降趋势，从 2458 担下跌到 1910 年的 1168 担。这主要是由于本地产的丝绸更便宜、更实用，从而抵销了进口品。糖——1902 年进口 310900 担，1906 年下降到 148000 担——蔗糖进口量的变化主要依据外国糖价和本地年景而变化，在日子窘迫的时候它是人们最先考虑放弃的奢侈品之一。外国茶末——1902 年进口 23000 担，1910 年为 106000 担——它主要用于与本地茶末混合，制造砖茶和小京砖茶，代表了仅有的每年进口但不再转口出去的数据。

茶和芝麻是本埠最重要的出口产品，棉花也值得特别注意。

1909 年前，茶叶一直是汉口最重要的创汇来源，从而使汉口逐渐博得了茶叶港的美名。1886 年，茶叶销售达到历史最高纪录，以后迅速下滑，到 1890 年，汉口作为一个没落的口岸成为众人谈资，中国茶叶未来前景令人沮丧。但茶叶后来却奇迹般地复苏了。茶叶在地方贸易中地位的重大变化以及茶叶贸易总趋势的变化，要求我们把观察的眼光放在一个更长的时段来进行检讨，而不是局限于这十年。

中国茶叶走下坡路可以归结为这样几个方面的原因，一是在国外市场行为失当；二是中国政府沉重的课税；但主要的原因是，中国人以为他们垄断了茶叶市场，因此就可以迫使买主接受自己生产的产品：他们是质量与价格唯一的仲裁者。值得注意的是，在扬子江流域产茶区未曾听说过大的茶园。农民起初种植茶叶是为了满足自家需要，后来由于利润可观才追加种植面积。茶叶的种植和配制不讲究任何科学，只是因袭本地既有的粗放经营的陈规，竞争从来没有进入茶农的思维。当印度和锡兰后来证明更适宜茶叶种植时，大型茶园迅速涌现，它们很讲究种植的科学性，配制特别精细，并做了大量的宣传。放同样量的茶，印度茶泡出来的茶汁色泽更浓，按大众口味，比起含少量丹宁酸的中国茶来更胜一筹。与此同时，中国茶的质量却在下降，有的甚至一文不值，以至于本地茶叶的需求也在减少。到 19 世纪末，中国只提供了世界茶叶需求量的 25%，而 19 世纪 70 年代是 86%，长期以来要求改善茶叶制作方式的呼声停息了。在对英贸易中，茶叶从所占比例的 90%下降到 12%；在对美贸易中也占这个比例，而同期美国从日本购买的茶叶量却从 18700000 磅增加到 47500000 磅。到 1907 年，本地茶叶从 1886 年的历史性纪录 676746 担倒退到 376954 担。这一衰落正好发生在茶叶在国外从奢侈品向必需品转化的年代。1890 年前，在俱乐部里很少听说“下午茶”，即便在伦敦饭店里也很难得。十年过后，这已成为一种习俗，以至于茶叶店在四面破土而出。但中国从中获利甚微，甚至俄国也把需求转向印度。中国茶叶协会的成立就是旨在为中国优质茶叶大造舆论，并努力改善它的地位。这个协会得到了中国政府的支持，并已取得了一些成效，但还谈不上十分显著。

1902年，中国政府自愿把茶税降低了一半，即关平银1.25两，这种税率对较便宜的茶叶来说仍然是沉重的，对汉口茶叶来说平均达到了6.5％。尽管贸易报告把它视为中国收入减少的一个原因，但对茶叶贸易的复苏来说具有刺激作用，这一年增加了40000担。出口数字是我们观察这项贸易的很好导向，尽管价值时有波动，1901年在原有税率条件下，出口只有354050担。

表3—3 1902—1911年汉口茶叶出口情况一览表

年份	单位(担)	年份	单位(担)
1902	395161	1907	401038
1903	425796	1908	423532
1904	445352	1909	349066
1905	378382	1910	381845
1.906	342518	1911	435911

这十年里的总值达到洋例84996817两。从上表可见，1905年前茶叶贸易一直保持着上升势头，这一年由于日俄战争，与俄贸易受到影响，同时茶叶收成也不好，弄虚作假更使茶叶贸易雪上加霜，这导致了没完没了的争论和不信任。1906年，由于价格与汇率居高不下，欧洲囤积的茶叶比前几年高出了15％。茶叶贸易损失惨重还有一个重要的原因，即包装盒不紧、糟糕的铅衬，运到欧洲的茶叶必须重新包装。尽管如此，1905年的纠纷有一个正面效果，茶叶行会规定，除非完整的印章是在汉口盖上的，否则茶叶的样品不能展示。这一制度严格实施于九江茶，对茶叶贸易来说这是极为有利的，因为它使人们树立起对茶叶质量的信心，比起其他改进茶叶贸易的措施来要奏效得多。不幸的是，这一制度在汉口茶叶中滥用开来，1909年茶叶产量和质量两项都跌落到低谷。

英国商业部有关最近五年的报告显示，印度茶从183850000磅上升到187280000磅（增加2％）；锡兰茶从106320000磅上升到109620000

磅（增加2%）；爪哇茶从17840000磅上升到26350000磅（增加50%），中国茶从13180000磅上升到24820000磅（增加80%）。尽管在市场差距如此之大的情况下增速意义不大，但依然给中国茶带来希望。

中国茶实际上犹如一个笨重但尚可活动的残疾人。中国人认为，他们能为自己的茶叶找到市场，从而就漠视了普遍公认的分级，加之没有提高质量的科学知识，总体标准越来越低。如果现代技术被采用，中国茶应该会有改观。茶叶复苏的前提必须是政府和农民改变种植态度，前者把它视为一个特别税收项目，后者把这种作物当作子孙继承的传家宝。中国人对剪枝和间苗有一种传统的抵触情绪，不明白不让作物生长过密的原因，相信在一定面积里数量越多，产量越高。对茶园征收土地税后使得后一种趋势更加抬头，严重妨碍了茶园哺育新苗，导致农民寻求提高种植密度来扩大收益。茶农可以通过给茶苗施肥来提高收益，但如果不间苗，没有用的草木不拔掉，植物就会因枝叶的阻隔失去更多吸收阳光和空气的机会。另外叶片可能会以最有害的方式采摘下来。农民等到植物叶片长丰满后，再去清除各个叶片，削弱了它的再生机能，也损坏了第二、第三次生长枝叶的质量。印度的种植者们通过培育幼苗以取代破败的作物，灌木栽种后，两年内可以产茶，五年内即可大量采摘。最初摘掉的是蓓蕾和两片顶叶；随着树龄的增长，茶树的主干会长出新牙，同时也以持续的张力为植物提供高质量的养分，从而确保为市场稳定而持久地输送茶叶。而中国农民必须精心呵护每一株茶苗，这不仅意味着繁重的体力劳动，而且容易疏忽，造成作物损毁或生产能力的退化。茶叶堆在一块等着晒干，碰到阴雨天，淋湿了即使不生霉，也会失去原来的味道和色泽。种植者们的无能使茶叶失去了往日的繁荣，落到今天这步惨景。只有中国政府能做出改变，这种变革将使国家从中获益。首先必须废除强加在茶叶种植土地上的特别税，而且应该免除加征在土地上的所有各种税收。第二，聘用一名外国专家巡访各地，向农民示范怎样成为一名种植者，而不应仅仅是大自然赐予的聚敛者。政府给这位外国专家配备一些中国助手，让他们能在较短的时间里独立地向农民传授剪枝、锄草、施肥、育苗等方面的知识。第三，装备一些小型制茶机械。它们并不昂贵，实验表明，这样配制的茶叶质量改善了50%。茶叶行会应充分认识自己的利益之所在，它们采取后两个步骤是完全可能的，如果取得政府的支持，在经费上还会得到一些补贴。有一点很清楚，只要茶叶是小规模经营，要想农民做点什么是无望的，因为没有哪一个人能筹足购买机械的经费。

这十年里砖茶出口从477000担上升到612000担，后面一个数字包括进口茶末106000担；小京砖从4264担提高到7800担，进口的3900担外国茶末计入后一个数字中。

芝麻现在已开始向汉口长期居统治地位的土产茶叶提出挑战，茶叶的地位江河日下，人们对“茶叶港”的前景普遍持悲观看法。从产值看，芝麻在汉口港的繁荣中所起的作用已远远把茶叶甩到后面。1891年，芝麻还不值一提，它的产值只有关平银30000两；1897年为关平银48000两；1899年突破了100万两大关，即使在这时，人们绝对没有想到这一小型出口产品在这十年末将完全改变该港的状况，以至于人们感受不到茶叶的分量。如果考虑它的相对价值，在过去几年里芝麻的税收远远超过了茶税。芝麻的出口量是茶叶的9倍，由于它完全靠铁路承担运输，这就增加了在分散过程中对劳动力的需求，运输的距离也增加劳动力成本，通过机械除尘，再打包，必须再雇用人手，占用散装仓库和货船空间。茶叶大多来自九江和宜昌，其中主要部分被上海资金买走，留给本埠的只是一点佣金利润；而芝麻主要产自本省及其腹地，它所带来的收益就花在本地以及经过该口岸的进口品上。下表是这十年里芝麻的创汇情况：

表 3—4 1901—1911 年汉口芝麻创汇情况一览表

年份	洋例（百万两）	年份	洋例（百万两）
1901	1.58	1907	3.8
1902	2.58	1908	8.3
1903	1.8	1909	10.5
1904	2.4	1910	10.9
1905	3.1	1911	9.56
1906	4.5		

1902 年，芝麻产值是一个创纪录的年景。第二年收成不太景气。1904 年北京铁路开通 313 公里，从此芝麻开始在贸易领域牢牢站稳脚跟。1905 年的灾荒年景，这种作物竟然逃脱厄运。1906 年，它在贸易报告里被浓墨提及一笔。1907 年有所下降，这是由多方因素促成的，芝麻刚刚进入国际市场，地位尚不稳定，质量也未取信于人；白银和铜币汇率侵扰着市场，大量投机生意蚀本；再加上生产者囤积居奇，到了岁末，大量产品抛售市场，以至于铁路难以承运，汉口市场一下子也难于消化——尤其是清洁、除尘设备和货轮数量严重不足，不少产品在这里滞留好几个月。1908 年，由于芝麻日益为人们所重视，政府对它的销售又作了一些安排，这一年运送的不仅有本年度的芝麻，还包括前几年价值 300 万两的存货。1909 年，货运可望超过 1908 年的1.5倍，这一愿望随着价值突破 1000 万两大关而实现。1911 年，外运芝麻实际上是 1910 年剩下来的产品，大约关平银 575000 两。在芝麻开始收获时，革命爆发了。从这一年的订购量来看，大约超过 1910 年 30%。庄稼长得也出奇的好，季节性的出口有把握达到关平银 15000000 两，在革命中这种作物不少毁于兵燹，更多的由于仓库储量所限，产量远大于仓储，潮湿的天气也让农作物损失严重。

芝麻贸易持续上升，构成了这十年贸易的一个重要特征，从而使主要交易活动从春季转换到冬季。芝麻一度使汉口设施超负荷运转，在此过程中它充分显示了自己的活力以及适应环境的能力，并成为河南和汉口腹地致富的源泉。这项贸易的发展相当大，但仍然受到铁路运输、库房、货船容量以及渎职行为等方面的制约。在其发展初期，对除尘机的需求量很小，在收割不太精细的条件下，芝麻含尘量在可容忍的范围——0.5%。随着需求量的上升，灰尘含量也在增加：最初这是收成提高的结果，要求加快供货速度导致对产品的草率精选；后来一些不诚实的人看到有机可趁，故意掺进尘埃，使含尘量达到8%。从前被拒之门外的坏芝麻现在也收购进来了，为了增加重量，一些人还往袋里掺水，而潮湿对芝麻来说是至为有害的。由于一些小公司并不总是能对其产品进行除尘，有时使整船芝麻受污损而被废弃。现在天津至浦口的铁路可以把芝麻运抵浦口；如果京汉铁路复线竣工，下个十年芝麻产量还会有大幅度的提高。

上市的棉花如果仔细管理，去尘、晒干，棉花的发展前景也会是不错的。具体数字如下：

表3—5 1901—1911年汉口棉花出口情况一览表

年份	单位(担)	年份	单位(担)
1901	24400	1907	189400
1902	133400	1908	85500
1903	332100	1909	43200
1904	399700	1910	228300
1905	251900	1911	116200 （含1910年的作物）
1906	141500		

棉花的出口要看收成情况以及销售条件，如果清洁，需求量会保持旺盛。革命前汉口组成了一个反棉花掺假协会；官方也准备采取措施制止不法行为，他们的继任者也在做这些工作。然而收成要看当地的条件，

除了象鼻虫等病害，棉田容易受渍水的影响。作为一种受到越来越多人重视的作物，它正在收割从前罂粟种植的地盘。河南低地是棉花的重要产区，质量不亚于中国其他任何一个产棉区，它是这里主要的夏季作物，冬季作物是小麦。与美洲的棉种相比，这里的棉花既矮又壮；美洲棉之所以不能在中原安家，是因为这里的棉花与麦子间种，两者有较长一段共生期，而且国外对这种矮壮作物需求量又特别大。轧棉使用的还是手工机器。内地的运输几乎完全靠苦力：每挑 150 磅，一天步行约 45 里，报酬 20 分。

1910 年，德国从这里运走棉花 2400 担，法国为 2200 担，日本为 10000 担。国外主要的客户是日本。近几年，日本致力于在朝鲜植棉。据报道，几家富有公司正在从事这项活动并已购买了大量适于植棉的土地，质量和收成都还不错，可望在几年内满足日本的需求。

棉籽的出口始于 1905 年，但它一直不是一项引人注目的产品。中国内地棉纺厂的详细情况将在第 13 部分“制造业”中给出。

1909 年，与欧洲的大豆贸易突然跃居显著位置，但它很快夭折。这里的大豆不及北方。加上种植者以各种形式掺和尘埃，假冒大豆。另外，该埠处于“联合会”的航线上，与大连相比每吨运费要贵 6 先令，仅此一项就足以绞杀这项贸易。

1905 年前，豆饼贸易一直保持在 500000 担这个数字，1905 年达到 834000 担，1909 年上升到 2244000 担。1910 年由于谷物歉收，导致食品供应短缺，大豆价格升高。这项贸易在很大程度上取决于日本对化肥的需求。考察欧洲豆饼的情况已经传回国内。在大豆贸易看好的年景里，外国人办起了几座加工厂，据说利润不算高。

这十年里，猪鬃贸易从 6000 担增加到 15000 担，低等级的需求远不如高等级的需求，如果生产者认清了这一需求形势，精心配制，严格分级，这项贸易还会有很大的增长。

1905 年面粉厂建立之前，面粉尚未进入出口清单。这一年汉口出口面粉 8000 担，1909 年上升到 195000 担。本地消费量也在稳定增加。

1905 年，外国面粉进口减少到 5000 担——这些面粉主要供外国人使用。本地面粉厂有一定的市场，但生意还谈不上兴隆。这主要是由于大量灰尘与低等小麦相混合造成的。面粉厂在革命期间大多数被焚毁，幸存的一家在俄租界；人们正翘首以待这些工厂重建，事实上面粉厂的利润比人们想象中的更可观。

各种油不乏需求，但对桐油的需求使其他油相形见绌。它的销量从 281000 担提高到 755000 担，价格也有大幅度的提高。由于它是配制油漆必不可少的原料，需求量一直有增无减。但有一点，桐油必须绝对纯净，与其他任何油类相混合都会使桐油失效，因为任何混杂将使油脂不能凝固，这对这项贸易来说是致命的伤害。由于桐油渗透力强，运载起来极不方便。经过不断实验，已经发明了一种令人满意的包装方式，可望不久后一种便宜的铁桶将投放市场。桐油从树籽中榨出，每五粒放到一个直径为 2 英尺的容器里。油桐树很高大，树荫浓密，生命力极强，一般生长在山坡上。树籽发芽后，5 年里就可以结果，并很快提高产量。随着它的价值日益为人们所重视，种植范围越来越广。据报道，这种树木在南部非洲大量野生，由于树籽采集花费劳动力太多，这项工作一直难以展开。

丝绸出口一直稳定在 18000 担，近几年来越来越多地用于本地消费。服装在革命前后的一个重大差别就是高档出口产品的数量显著增加，这有可能极大地影响世界市场。

毛皮以及毛皮制服从关平银 1341000 两稳定地增加到了 2529000 两。一项特别收入是山羊皮，从 916000 件上升到 2500000 件。由于铁路运输方面的原因，羔羊皮直到 1904 年还不值一提，正是这一年，羔羊皮外销 83000 件，1905 年上升到 259000 件，1906 年下跌到 67000 件，第二年再次回升到 342000 件，1910 年达到 429000 件。毛皮和皮革一直很有市场，羔羊皮更是人们的抢手货。

植物脂出口起初为 200000 担，尽管收成时有起伏，但需求强劲，按平均数计算，基本上稳定在这个数字。

小麦的外销最初是200000担，1905年上升到558000担，1908年为463000担，1910年减少到6000担，1911年为524000担。面粉厂以及武汉及其周边腹地的水稻种植面积都影响着这项出口贸易。

2. 收入——这十年里的收入一直有增无减。1902年是2120000两，1910年达到3220000两。革命使1911年三个繁忙的贸易成交月化为泡影。然而10月份头十天的收入还有关平银200000两，这个季度剩下时间的收入却只有这个数字的一半。这一年的收入总额为2740000两，仅第四季度的巨大出口订单预期将增加为前几个月总量的一半。1910年收入的增长中出口占到了600000两，进口占400000两。鸦片税收从洋例37000两下降到9870两。

吨位税从洋例30000两上升到58000两。这对于了解直航轮船的增加是有指导意义的，因为上海至汉口的定期航班总是在上海缴纳吨位税，汉口征收的只是溯江而上的小轮船以及航抵汉口的海轮的吨位税。

3. 鸦片——鸦片在汉口从来就不是一个收入大户，外烟具体的运销情况如下：

表3—6　1902—1911年汉口鸦片进出口情况一览表

运销情况	1902年	1903年	1904年	1905年	1906年	1907年	1908年	1909年	1910年	1911年
进口（担）	461	462	511	501	506	539	305	200	143	66
转口（担）	265	256	258	238	201	302	109	65	57	10
净进口（担）	196	206	253	263	305	237	196	135	86	56

1906年进口净值增加是政府采取罂粟禁种措施的初步成效。这里所消费的鸦片十分之八由本国生产，具体运销情况如下：

表 3—7 1902—1911 年汉口鸦片运销情况一览表

运销情况	1902 年	1903 年	1904 年	1905 年	1906 年	1907 年	1908 年	1909 年	1910 年	1911 年
进口（担）	6938	5570	11011	2736	3268	4269	3671	8184	6004	796
转口（担）	7657	4964	11026	2492	1624	2216	1466	2241	4459	1520
净进口（担）	－719	606	－15	244	1644	2053	2205	5943	1545	－724

1901 年，鸦片进口数额相当大，达到 16633 担（转口 15773 担），实际留下了 860 担。近几年来本地鸦片消费增加是由于罂粟种植的停止导致的囤积居奇。这些数字表明在正常情况下入境的鸦片将转口出去，1901 年的进口高峰以后再也未曾有过。

湖北从来就没有大量生产过鸦片，这里的鸦片气味浓烈，不受消费者欢迎。由于官方和人民都赞同禁烟，所以禁烟措施越来越强硬。无疑要不是最近发生的事件，鸦片的使用将会禁绝。主张共和的人们也强烈地仇视鸦片，当局对此追加特别税，每担关平银 115 两。商人们估计本地储存的鸦片约 3000 担，革命开始时他们已把它转移到了较安全的租界区。至于四川和其他省的储存情况这里一无所知。一旦这些鸦片用光之后，它们再也不会出现在海关报告里。尽管有人趁政府交替之际种植鸦片，可以肯定，政府将会采取强硬措施挤垮鸦片及其他有害人类的作物。

吗啡和可卡因的嗜者在这里大有人在，至于到了什么范围还不敢断言，这些药剂很容易通过人体和函件走私。吗啡和可卡因最初由一些伪君子放在羊皮制服里夹带入境，美其名曰作为戒烟药丸。政府应拟定一项法律，并严格执行。戒烟药的具体组成成分应在每包上详细标明，这一制度同样适用于对中国造成痛苦并广为宣传的专利药，并征收印花税，因为中国人往往容易轻信标上文字的东西。

4. 货币与金融——这是两个至为紧迫的问题，并且对贸易产生着越来越大的制约作用。这不仅对商业、金融而言，而且包括总督区的财政。至于后者，我们没有什么有把握的东西可说，有一点是清楚的，会务费用的筹集逐年困难，尽管作出了不少新的筹集资金的尝试，如把土地转让费提高到地价的 9%等。其中对贸易影响最坏的要数发行白银代用券、黄铜代用券作为辅币。

这一带的银锭实际上只以 50 两的面值流通。银锭越小，汇价越低。人们常把元和辅币用于关平银 50 两以下的结算。各种元以极其高昂的代价在流通领域运作，墨西哥元是它们的标准。这里不存在地方元，直至 1903 年湖北政府元的问世。它与其他货币比较起来有一定的折扣。铸造辅助银币的利润很高，以至于铸币成为一条致富的捷径。结果辅币潮水般地涌入市场，使得面值大打折扣，面值不久便与内含值持平，堵死了该省一条致富的来源。

真正说来铜是问题中的症结，中国一向被描绘成一个银本位国家，但它的实际标准是铜。人们不难发现，铜币内在值往往大于面值，尤其是各种旧铜币。砖茶贸易就是在溶化铜币过程中兴盛起来的，尽管政府制止这一作法，但都以失败告终。铜币与白银相比油水越来越大，严重地扰乱了各种交易活动，无论交易的数量是多少，它是由铜币来度量的。

铜币的需求量有增无减这一点是十分清楚的，尤其是面值为 10 文铜钱的代用币可以牟取暴利。对官方来说补救手段很明确，不能采纳通过代用币大量投放市场让货币贬值的办法。1902 年，一家铸币厂开工，1903 年，冲压机械就开始日夜不停地工作，这一年银两与铜钱的比重还是 1∶1050，到 1904 年汇率变为 1∶1075 或 1∶1257。1901 年，铸币厂进口铜还是零，1902 年上升到 6860 担；1903 年为 36870 担；1904 年达到 103670 担。此后几年进口的大量铜转口到了其他地方。这样大规模地黄铜交易破坏了正常的贸易活动，严重地侵扰了市场。铸币厂的产值一直是保密的，据估计，1904 年至少有 70000 担黄铜铸成了面值相当于 10 文铜钱的货币，每担约可生产 8000 枚纯铜硬币。这样，1904 年总共制币约 560000000 枚。此外还有 10699 担圆盘进口以满足冲压机器的需要，这些圆盘的含铜量相当高。这一产值一直保持到了 1905 年。其结果是铜钱价值逐渐变得不可知，商人和市民深受其害。1911 年，银两与铜钱的比率是 1∶1800，由于湖北到处泛滥着辅币，采取补救措施似乎已为时过晚。政府不得不明令禁止铸造辅币。

1902年以来，政府发行了大量纸币；尽管人们对储存这种货币毫无信心，直到革命前它们仍然在市面上流通。这十年里旧纸币（首次发行于1896年）还保持着购买力，不过商店和私人银行发行的纸币已经被取缔，大清银行以及德国银行发行的地方纸币还在流通。

中外银行在这十年里数量有较大增加——中国人的银行从大清银行到各类票号、较小的钱庄，大多处于破产的边缘或遇到金融压力，或遇到困难不得不向资本寻求一些担保。革命的直接影响就是中国人经营的银行倒闭，或以非中国银行的面貌免为维持几个月。

外国银行现有7家，似乎新银行的出现不仅不会削弱其他银行的业务，反而加速了整个金融业的发展。随着外国银行的不断增加，外汇经纪人的数目也在扩大。

5. 人口——河南的人口为26200000；湖北为30175000。汉口人口590000人，只有三分之一的人口在大规模外逃后返回；汉阳为70000人；武昌为166000人；汉阳府为3722000人。

6. 水路、港口、水道——这些年这方面没有什么变化。

7. 航标灯及助航设施——十年里这一地区河床没有什么变化，只有鸭蛋洲和戴家洲附近的水道在枯水季节变化较大。1906年枯水期里，鸭蛋洲和戴家洲两洲附近的水道太浅，以至于12月3日—18日轮船只能在白天航行。1902、1903年在租界区下游，与汉口城平行的江中形成了一个沙洲，有时河道最深只有10英尺，给航行带来了诸多不便。人们在考察汉口水域扬子江水涨落情况时会惊异发现，这些年江水在11月份跌落得特别快，达到17英尺。这无疑会导致泥沙淤积，因为河道不能像正常年景那样有足够的时间来冲刷淤泥，正常年景最低水位也有15～18英尺。

1911年8月26日，长江汉口段水位最高达到了47英尺8英寸。1902年1月24日，2月5—10日，跌落至最低水位零点以下11英寸。

1911年高水位期间，大水淹没租界达2～3英尺，许多马路被冲毁，对道路造成的损失远大于财产损失。汉口上下游成千上万亩农田成为一片汪洋。不少堤防被毁，整村整村被冲走，人员损失极为惨烈。

1901 年，汉口附近有沿岸灯塔 9 座、灯船 5 艘。这十年里随着船只吃水深度不断增加，助航设施逐步有所改善，沿岸灯标上升到 10 个，船标增加到 9 个，在枯水季节还临时租用灯船 10 艘。

这一地区春秋两季的大风、汉水下游的洪水常给本国以及外国船只造成极大的麻烦。本国船只因汉水油轮失火遭受过严重损失，外国船只虽然避免了小木船飞来的横祸，也遭受过一些损失：一艘大船着火，船体被烧坏。

8. 邮政和电信——邮政——每个租界都有自己的邮局，主要用于保持与国内的邮政往来。伦敦经西伯利亚的信函 14 天内可以抵达本埠。

中国邮局已经稳步地改变了自己的形象，在公众中建立起信任感。过去九年里邮局从海关中分离出来，实际上不再受制于总税务司，在邮政与海关分立前情况如此。关于邮政发展的详情，读者可以参考邮政司的报告。

电话——1902 年初，电话线路还处于十分糟糕的状况。这主要是由于义和团的恣意破坏。长江沿线比起内地遭受的损失要小一些，重建开始后情况已有较大的改观。为了满足日益扩大的需求，电话线路上已经装备了现代化的传送设备。汉口采用的是惠斯顿方法。在我的这份报告刊行的时候，汉口可能成为中国最重要的电信中心之一。

1911 年 6 月，欧洲经北京到汉口的电报 27％可以在 2 小时内传到，38％可以在 3 小时内传到，只有 3％要 5 个多小时。从日本发出的电报传到这里 29％不要一个小时，28％需要 2 小时，22％需要 3 小时。

1903 年前汉口的电报统计没有保存下来。这年 6 月的电报有 16322 份，共 323722 字，其中 27475 字是本地外国人间的来往，296247 字由中国人拍发。1911 年 6 月成交的电报业务 45605 份，共 1147300 字，其中 69763 字是外国人的业务，1077537 字是中国人的业务。中国政府的电报业务占了 45％。这些统计数字一方面说明电信业务在不断的发展，同时也向人们披露了电报使用范围在扩大。1910 年，政府把电报费降低了 10%，1911 年在全国推行统一收费标准。这一办法对汉口来说是十分有利的，因为这里的电报业务大多数是长距离的。尽管如此，人们还认为价格太高，不利于扩大电报的使用范围，但外文费用降低到与中文同等水平将会给电报服务带来更多的机会，有益于电信业的长远发展。

革命政府接管电报线后，确定每个外文单词收取 20 分，每个汉字收取 10 分。

9. 行政、省议会——湖北的管理由总督和一般官吏共同负责。

省谘议局创建于 1909 年 10 月 14 日。它由 83 名议员组成，包括一名主席和两名副主席，有序讨论与该省有关的各项议题并开展辩论。随着时间的流逝，为了树立自己的形象，谘议局开始要求过问财政以及省里的各项重大问题，结果受到高层官员的冷落。

议员人数按这个省每 100 名秀才中产生 5 人的办法确定。

由地方投票选举产生的代表，再参加县议会的选举。凡是年满 25 周岁的成年男子，具有下列条件者均可参加投票。

（1）实际参加创办教育和公共事业达三年，且成绩卓著者。

（2）中国中学或外国中学毕业，或相当于同等学历。

（3）有秀才学历。

（4）担任过七品公职，或享有五等军衔，没有受过降职处分。

（5）在本省拥有 5000 元的资产，或同等价值的资产。

革命爆发后，湖北组成了一个临时议会，议员 69 人，每个地区一个名额，不论其面积大小，人口多寡。选举是由居住在武昌的代表进行的。

10. 司法、警察和监狱——司法和警察，为了确保法庭公正、迅速地处理诉讼案件，政府作出了种种努力，但结果不尽如人意。拷问被禁止了，惩罚的严酷性有所下降。

1902 年，武汉警察力量正式组成，应该说是相当成功的。三个城市分成 10 个区，24 个小组：每个区置局长一名，小组配备一名区官。这支部队包括 1600 名警察以及大量的军官、监察和侦探。其中多数军官是留日归国生。按常规，他们首先当几个月的警察。有一名专职道台具体负责这支部队。

1908 年，政府创建了一所培训警察的学校，学校开设操练、警察职业技能等课程。经过考核成绩优秀者进入该校学习，学满一年后编入警察部队。

1909 年，在警察道台的支持下，一所警官高级学校在武汉诞生。入校要经过定期的竞争性考核，修业三年。至今还没有学生毕业。

由警察局处理的案件有小偷、武斗、挑起骚乱、赌博、绑架、入室盗窃等。惩罚的限度是 15 天监禁，或罚款 15 元，严重的犯罪移交法庭处理。警察的经费主要来自房主的捐赠、人力车夫的执照费等，差额部分由政府补贴。湖北全境也按类似的原则组建了警察部队。

监狱——1907 年，第一座西式监狱在武昌建立，从而为湖北地区监狱的创设树立了样板，它也被称为“模范监狱”。这种西式风格的建筑通风好，也很卫生，全都装备了电灯，房间的设计还充分考虑了看守人的需要。这座监狱共有房间 400 个，一个房间囚禁一人。工作人员有 1 名典狱官、4 名看守官、50 名看守员，他们都在武昌预备学校接受过培训。囚犯饮食不错，他们的健康和舒适状况受到特别重视。虐待和拷打是明令禁止的。还为囚犯办了一所工业学校和几个车间厂，工作时间依季节而定，监狱特别强调出勤后老老实实劳动，不再追加额外工作。产品主要是毛巾、布匹、鞋、靴、火柴盒。销售的部分利润在犯人中分成。那些被判处死刑的人被限制在内部，与其他罪犯没有联系的机会。尽管如此，实践还远远缺乏理论指导。

江夏县新建的一座监狱是模范监狱的一个分支。

1910 年，一座临时拘留所建成，它属最高法庭管辖，主要监禁待审的犯人。

由于资金短缺，各地区的监狱没有什么变化。

11. 农业——这里的农业与外国人理解的农业是两码事，而是欧洲小土地所有者的集约化经营。没有围墙、壕沟、篱笆，你所见到的情景是，广袤的耕地为一些不太显眼的田埂分割成一小块一小块，耕地间的界限就是这高宽不过 4 英寸的田埂，只有田地间 18 英寸的小径才清晰可见。沿袭至今的这种体制可以追溯到遥远的古代。由于集市仅限于邻里间的交换，土地所有者的目的完全是为了满足家庭的需要。在中国人眼里，富足的概念就是一人一块地。运输只有一条捷径，那就是水路。尽管中国现在有大量物质运销国外市场，但这些出口品最初是用铜币从私人手中一点一点收购上来的，正如滚雪球一样，到本埠便是一笔相当可观的数量。以牛皮为例，每年出口达 2000000 张。然而刚踏入这块土地的陌生人或许会对所见到的耕牛数目之少感到吃惊，一天旅行中你能看到的牛是屈指可数的。但每个村庄喂养几头凑起来，数目就相当可观了。其他产品的情况和这也差不多。

一般私人占有的土地面积不大，以家庭为单位耕作。大土地所有者也不常雇用劳动力，只是放租小块小块的土地，按一定的百分比提租。孤立的农舍相当普遍，小村庄是最盛行的行政单位。在农闲季节，家庭强壮的劳动力就外出到附近的城里打工；收获季节由于人手不足，他们就回到田园。每逢收获的季节，总有大量家庭成员回到下游各口岸。

这里的土地是富饶的，只要好好施肥，精心栽培，产量相当高。但所有种植完全依靠经验，种子不加筛选，为了不造成浪费，投放市场的产品不分等级，不认真除尘，也不讲究包装，储存条件很差。中国人在购买东西时往往对质量考虑得少，对价格考虑得多，因而对他们来说难以理解国际市场上质量是最为紧要的。中国的农民已经进入国际市场，与其竞争的不再是邻里。农业是中国的命脉，政府应采取措施教育农民充分利用眼前的大好时机。

为了保存地下水，防止洪水泛滥，对森林的需要越来越迫切。造林是一件既简便又廉价的事情，人们对木材的需求永远也不会停止，然而为了满足自身的需要，农民除了栽种少量的杉木外，主要是靠砍伐既有的森林。中国有很好的造林法规，但他们只是在践踏过程中受到尊重。

由于农民经营的规模极小，不可能指望他们运用新的工具。改善这种现状的办法就是进行试验性种植,认真选种,向农民传授改善收割、包装、储存的办法。

12. 矿藏和矿场——据报道,湖北、河南两省矿产资源丰富,由于政府尚未进行切实的勘探和着力发展,这里不可能提供比前几份报告更权威的资料。那些已经开采的矿场,在贸易报告里已有充分的阐述,这里略作归纳:

大冶铁矿更恰当地说是一座矿山,为了满足当前的需要,这里有了较大的发展,观其前景是没有限量的。1911 年夏,政府采取了几个措施准备另辟一个矿场,在长江下游一点,含不同等级的矿藏,而且储量丰富。

上市的半无烟煤主要来自炭山湾。15 年来政府一直试图开发这一资源,但水源问题直到 1910 年才得以解决。矿区有两座竖井,大约 3 英里长的坑道,当地劳动力资源丰富,又便近水路。目前市场上销售的煤含尘量较重,可望用不了多长时间,便宜的煤炭可以满足需求。现在日产煤 200 吨,不久这一记录可能会被突破。附近的银矿很快也得到开发。

中国人管理的河南矿区生产一种无烟煤,既适用于工业,也适宜民用,可惜它不会再进入汉口。北京联合会的煤是质量很好的无烟煤。

共和政权准备开发湖北矿产资源,但矿藏的开发、运输设备的改善需要大量资金。

13. 制造业——汉口是人们普遍公认的中国的芝加哥:向人们解释这一点并不困难,但完成这个答案的日子似乎还遥遥无期。汉口作为一个商品聚散中心拥有其他城市不能比拟的自然优势,同时四周拱卫着丰富的煤、铁等矿产资源以及其他工业必需的原料,诸如棉花、丝绸和苎麻等。

贸易报告已经列出了各项实业发展的具体数据。随着城市和租界区土地越来越昂贵,工厂逐渐向偏远地方伸展。因此,在经历战火重创之后列出详细清单将是一长串,且意义不大。

一座自来水厂正在向汉口租界提供优质水。

城区用电主要由一家中国公司提供，不幸的是公司的董事没有采纳外国专家的建议把电厂建在一个便捷的地方，而不是放在市中心。

中外面粉厂据说未能实现自己的目标，可以肯定，随着管理的完善，它们会得到重建，以满足市场对面粉的大量需求。中国在世人看来是一个以稻米为主食的国度，很少有人意识到它也是世界上的小麦消费大国。农民食用的面粉主要靠自己手工磨制，他们觉得这样经济。一旦运输工具得到改进，磨坊就能从腹地源源不断地获得小麦。第一批磨坊主要生产优质白面粉。由于要加用一些颗粒大的软麦，碾磨起来有一定的难度。本地的小麦小、硬，也比较脏，滚轴容易磨损。中国人一般喜欢食用粗面，后来磨坊纷纷转向生产这种面粉，以满足当地人的需求。起初麦麸大多被浪费了，牛用不了那么多，猪食用的是麦麸和大米的副产品。日本对麦麸的需求却在不断增加，它们被用来酿造啤酒、喂养战马和赛马。

中外经营的大豆作坊取得了不同程度的成功。使用外国机器的作坊提炼的食油虽不及国外，但与土作坊相比要高得多。饼里含油越少则肥效越高，然而土作坊生产的豆饼在南方更受欢迎。

一家中国人办的棉纺厂已经经营了20个年头。中国经理认为，这个厂引进的英国机器仿如当初，至今运转正常，这不仅给这些机器的质量提供了很好的说明，同时也充分展示了中国工程技术人员的管理才能。然而，工厂命运多舛，在官方控制时，经营情况很糟糕。在地方原料紧缺的情况下，一位商人冒险租下了这家企业，工厂立即产生收益，只有当地棉作物歉收才是例外。工厂经理说，由于棉纱夹带了棉花的碎籽，它所生产的衬布难以打入国际市场；在国内市场，由于价格低廉从而掩盖了质量上的瑕疵，销售形势看好。棉纺厂的工人主要是男人和童工。

只有缫丝厂雇佣女工，车间很卫生，通风条件良好。据说利润相当可观。

工业置兴的一个重要成果就是妇女地位的改善。她们不再是闲居家庭的主妇，现在有了自己的工作，且报酬还不低。求职已成为越来越多妇女的愿望。在工厂里工作了几个月的年轻女工，与那些赋闲家中的女孩子比较起来显得更整洁、更快乐、更聪明，这一点十分引人注目。一位官办企业的总监说，在本埠工厂工作的女工，她们双手的整洁、灵巧程度与他在英国工厂所见的情况完全不相上下。就业为妇女开拓了更为广阔的生活领域，也赋予她们独立的社会地位。与她们从前所从事的工作相比，即能保证她们充分就业，工作也相对轻松一些。她们灵巧的双手已经对男性社会地位提出强有力的挑战，尽管总的来说，在智力上比男子稍逊一筹。遗憾的是目前还没有健全的劳动法规。

一些生产夏布的厂家有时也以棉花为原料，在原料不能满足供应的不利情况下仍在运转，有时因为棉农要价太高无力承受而不得不关门歇业。从理论上讲，便近原料产区的工厂比起远离原料产地的工厂要优越得多，这一理论在中国受到了强烈的冲击。如果原料得不到及时供给，工厂建筑、机器设备就成为资本闲置的具体标志，种植业主或中间商会迅速提高价格，工厂主愿意承受这个价格而不是让资产闲置。

玻璃、针、钉生产厂，造纸厂都不景气，皮革厂甚至没有开工，羊毛厂也在挣扎。这些厂家都是在官方支持下创办的，设备装备起来后，没有取得任何效益，仅仅是为官方的差遣人找碗饭吃，如果按公正条件出租给商人，这些厂都会扭亏为盈。

与这些官办企业形成鲜明对照的是本埠最大的企业——汉阳钢铁厂的分支，将来重要的竞争对手——扬子机器厂值得一述。起初如其他公司的命运一样，扬子江机器厂在官方的控制下毫无活力可言。一方面就是它创办的方式。外界对它的历史了解不多，对中国人来说它是一个很好的反面教材。张之洞总督是发展工业的热心倡导者，他期待工业能给国家带来繁荣，所以他在任两广总督时就决心创办铁厂。他预购了英国全套炼铁设备，订单寄到英国后，厂家回信索要原料样品，张之洞总督拒绝了这一要求。厂家解释，不同的矿石需要不同的设备。总督坚持他的观点，“运一套设备来”。厂方按一般原料的要求运来了设备，并特别指出，它们不一定与实际原料符合。总督之所以未按要求送去样品，问题就在于根本没有发现矿石，只是世人有一种预感，发现矿石是势所必然。设备运抵前，张之洞从两广总督调任湖广总督，他命令设备与他随行。幸运的是，经历不少坎坷后在汉口下游找到了大量高品位矿石，汉口上游的优质煤炭也在同期被发现。但生产出来的铁很糟糕，从而使工厂的前景蒙上了阴影。1894 年 7 月，工厂正式投产，两座高炉容量为 69 吨。1897 年，盛（宣怀）大人接管了这个厂。一座小型露天炉的实验表明，冶炼这种高品位的矿石，只有进口其他设备。1903 年，李（维格）先生受命出国学习钢铁技术，在他的管理下，钢铁厂发生了很大变化。关于变化的详情，年度报告里有充分的载述，我这里把它略作归纳：废弃旧设备建立最新式的工厂，日产生铁达到 1000 吨；对中国工人进行培训，使他们成为高效率的工人。工厂的产品经受住了严格的测试，完全可以满足所有竞争对手的要求，也适合今天中国的需求。在钢铁厂和各矿场雇佣的有 60 名外国人，20000 名中国人。钢铁厂发展所面临的主要障碍是资金短缺。

扬子机器厂也有较大的篇幅记载过。王光先生在致力于该公司的发展中充分显示了自己的才华。可以肯定地说，这个厂将成为长江，乃至中国的大型企业之一，能够满足中国对轮船、桥梁等方面的需求。

主要用于出口的冷冻业已经引起人们很大的兴趣。冷冻设备已花去了不少投资，起初效益不错；至于前景如何还是个未知数。因为中国人对这一行业充满了敌视情绪，他们认为冷藏业促使了生活费用的提高。冷冻蛋勿需加进任何东西就可以长期保存，它已成为蛋白质强有力的竞争对手。

英美烟草公司在汉口的烟厂规模堪与同类的任何一家大企业匹敌。日产香烟 10000000 支，还远远不能满足需求，它的产品已经打败了烟草市场的所有竞争对手。这一方面得益于出色的广告宣传，另一方面是它薄利多销的经销策略，每包香烟的利润极其微薄。工厂的原料主要取于本地。前几个月，公司在汉水上游另盖了一座厂房。它雇佣的外籍职员四出奔走，大肆宣传，传播美洲烟草籽，向农民讲授种植方法，这些活动得到了官方的认可。

压包原来是靠手摇机器，现在为新式大型水力机器取代，不过在质量上还存在缺陷，另外它只是在皮革和棉花上市的低潮才开始运转。虽说有这些暂时的毛病，可以肯定，综合考虑好的坏的条件，一种较为有效的方法终究是会有一个好的远景的。

芝麻除尘机现在随处可见，在租界区，它并不使人称心，因为再好的除尘设备也不可能不漏掉一些灰尘。

有两座砖茶厂在过去两年被烧毁，迄今没有重建的迹象。人们认为这些工厂是在为俄国人创造财富。中国人也办了一家，据说不是俄国人是难以在对俄贸易中立足的。这种茶估计今后会有一个广阔市场。砖茶和小京砖茶依据订货情况来生产，茶叶的质量和配制方式取决于买主。在茶末混合物供不应求的情况下，人们把茶叶弄成粉末，一般情况下所用茶叶质量较高。小京砖茶通常包装在镀锡的纸里，外观与优质巧克力棒差不多，对于军事目的和需要节省运输空间来说，它是非常有价值的。

1910 年，湖北水泥厂创建于大冶。它拥有最新式设备和优质原料，生产的高级水泥销路很不错。

外国人办的砖瓦厂由于建筑业发展迅猛而一直很兴旺。外国人的锯木厂情况也差不多。法国的酿酒厂开办于 1911 年，它的原料是本地的谷物，后因战争爆发歇业。

考察本地企业的发展史，不难看出，中国人还没有充分利用自身优势来发展工业。就这些企业而言情况大体类似，他们依托农产品，且生产区域就在周边，正如前面谈到的情况，他们难以以一个公平的价格获得原材料。其结果是，一方面工厂希望有一个良好的市场；另一方面深感原料供应不足，有时为了等原料要停工好几个月，同时机器在折旧，这样就使它们丧失了本可以在市场上获得的地位。

除了染棉业之外，没有什么地方性工业值得一提。染棉业主要由个体经营，着色较为单一，要么纯色，要么蓝白两色。

14. 铁路和公路——湖北有好几条重要公路穿过，但谈得上好的公路似乎不存在。在汉口附近，马车还鲜为人知，在湖北也很少见。诚然铁路有助于湖北财富的开发，但在支撑起这一地区开发的路网形成之前，所获得的利益还微乎其微。现在看来，改善铁路状况的许多努力还只限于纸上谈兵。然而主要农业区位于长江和汉水流域，交通设施相对便利。

关于京汉铁路及其分支的详情，年度报告里有充分的记载。铁路作为一种运输手段，从一开始就向世人展示了自己的价值。革命所留下的教训之一是军队对铁路线的启用，同时军列的调度对和平时期铁路运营的管理也提供了借鉴。长期以来，铁路的运输政策要么是空车运行，要么整车装货，不愿接受少量货源，甚至目前的各运输公司对单个包裹的投递不作保证；运费标准不一；获得车皮障碍重重；加之不同货币的汇率由所在车站确定，所有这些极大地挫伤了旅客，严重地掣肘着铁路的运营。如果管理得法，应该说这一行业是有利可图的。

汉口至广东、汉口至宜昌的铁路是近几年讨论的热门话题，也作过不少勘探。实际修建工程已提到日程上来了，直到 1911 年夏才开始真正动工，革命爆发后不得不中途下马。和平恢复后，这两条线都会加紧完工。

粤汉铁路可能不会像京汉铁路那样给汉口带来那么多好处。由于水运费用高，在上海转运既花钱，又冒险，因而粤汉铁路将会更大程度有利于广东和九龙，尤其是广东人做生意比湖北人精明，对出口产品的分级和除尘更为精细。

相反，出川的铁路影响至为深远，它将沟通一个人口极为密集省份与世界的联系，释放进出口贸易带来巨大的潜力，然而迄今这里还是一片处女地。川江一带运输昂贵、困难、危险，成为制约四川对外贸易的一道天堑。

天津至浦口的铁路将会把这里的一部分生意引向南京。尽管如此，如果其他支线与京汉铁路连接，可望得远远超过失。要想使京汉铁路的使用率提高，铺设复线势在必行。应尽可能多地增加有盖货车，因为货物暴露会遭受重大损失。但中国人宁愿承受这些损失也不想增加一块仓盖布。

15. 教育——近几年要求按国外教育模式发展教育的呼声越来越高，并得到了一些官员的支持。公立学校在建筑、教学设施上花费了不少经费，资金是稀缺的资源，但官员并不知道该如何管理学校，任何有才能的教师要想诚实地获取一份报酬而开展工作却相当困难。他们管理的一个例子是，购买大量昂贵仪器，聘用有才华的教师来讲授相关课程，但常常送到这里的小孩只略懂几个简单英文单词。形成鲜明反差的是，他们不得不教些必要的英文，而不是专业技术术语，这样，昂贵的人才就浪费了。随着资金越来越紧，能够聘到有才能的人不多了。学校的一切都未加以充分利用。据报道，湖北城乡中国人办的学校情形大致差不多。教师的外文教育只不过知晓一点英文，真正受过良好教育的人都在其他职业上谋取高薪。

教会学校从来没有得到像现在这样热心的资助，但它们与教育发展的需要还有很大一段距离。这里我不可能对教会新置机构详加记述，其中有一些还是值得一书。武昌高级中学已发展成为博文书院，在校学生200人。文华中学后来发展成为一所大学，有预备生250人，本科生60人。1911年，它授予了10名文学学士；1906年以来，它还设立了神学研究院。博学书院建筑优美，创办于1908年，它是由伦敦会高中发展而来的。大约有80人在这里接受高等教育，100人在预备科学习。其办院方针是，内地学校的毕业生升入高中，然后进入学院神学系接受培养。在医学教育方面也取得了不小的进步。英美各大学正在努力在这里创办华中大学，所有教会大学都并入该校。各学院的联合将有助于教会工作的展开。

16. 市政与卫生——汉口的外国人居留地由英、俄、法、德、日五个租界组成，它们在汉口老城厢下，沿扬子江左岸依次展开。沿江已有2英里长的堤防加高到46～48英尺高。法租界经过拓展，增加面积8306平方米，总面积达到21606平方米；日租界新增19885.3平方米，总面积达到32913平方米。租界水平面为45英尺，界内池塘、稻田、低地一遇长江洪峰，或夏季雨水季节，就成一片沼泽，而今已填平，平均上升了

8 英尺。这一地点已经规划了一条宽 40 英尺的马路，用不了多久，马路两边将会为鳞次栉比、风格各异的外国建筑所覆盖，其趋新之势将让各种旧建筑无论从规模还是外观上相形见绌。例如，1891 年完工的英租界巡捕房，在当年的贸易报告里被视为一幢“十分优美的建筑”，而今已显得寒酸了。

日本租界直到 1910 年才正式完成。马路总长 3753 码，占地 29127 平方米，兴建住宅 215 幢、工厂 3 座，开辟码头 3 个。巡捕有 10 名日本人、23 名中国人。1907 年上半年收入 4727 美元，支出 3257 美元；1910 年收支分别为 34407 美元和 18015 美元。

刚才我提供了最近设立租界（日租界）的收支情况，这里我顺便介绍一下资历最老的英租界的情况。1901 年它的收入为关平银 25770 两，支出为 29380 两；1911 年的收支分别是 89432 两和 89492 两，这一年支出猛增是由于突如其来的骚乱、预防火灾以及革命的代价，骚乱期间仅码头费的损失就达关平银 4200 两。1901 年英租界的警察只有 2 名外国人、2 名侦探、32 名锡克教徒、38 名中国人；现在增加到 3 名外国人、5 名侦探、30 名锡克教徒、65 名中国人。1909 年耗资关平银 80000 两的市政大楼竣工。1906 年俄租界的电力设备开始供电，它主要满足俄、法两国租界的照明需要，第二年德租界电厂向德、日两国租界输电。

总的来看，租界区的发展是令人瞩目的。市场的进一步开放，马路的不断拓展，付出艰巨努力使排水系统完善，消防设施进一步健全，使租界面貌大为改观。德租界内旧的墓地已经关闭，迁至德租界后面的新公墓。德国人还在租界区装备了电话。1911 年，自来水管铺设到了英、俄、法租界，用不了几个月，德、日租界也能用上自来水。由于罗马天主教医院已不能满足日益增加的外国侨民的需要，在俄租界盖起了一所国际医院，一家日本人经营的医院在法租界开业，一名德国医生自己开办了一家私人诊所。

其他要再说一说的是这一地区非常漂亮的建筑——俄、德、日领事馆，以及俄、德、日的一些市政设施。法、德租界还分别盖起了一座教堂；为了满足新型船舶停靠的需要，新修了几个码头；德租界一侧的铁路使这里的货物吞吐更加便捷。俄、法、日等国公民现在都有了自己的俱乐部。

外国租界的这些进步成为本埠发展的一个有力佐证，与之相伴随，武汉所取得的进步也令人刮目相看。

从汉水绵延至法德租界交会处的老城墙已拆除抵法租界南端；城墙内侧地基已填到和城墙顶端差不多高，它将被开辟为一条可通达城郊的马路。以这条马路为主干，它的分支遍布城市各个地区。以大智门为端点的北京路原来是条小路，现在有一段铺设得相当好。在马路两边盖起了不少洋房和仿洋房。附近的低地已填得和租界差不多高，土方是由挖泥船从周边平地取土，再用手推车运来的，这些地方平均上升了 20 英尺；城外的护城河和许多水塘需要填高 40 英尺。填土的代价往往比购置这些地皮的价格高出好几倍。

汉口已有自己的电话公司，用电和供水由一家中国公司提供。该公司供水始于 1908 年，现在它正在设法增开电厂。城区马路已有警察值勤，市政当局在改善排水设施、教育人们讲究公共卫生方面也想做些努力。马路拓宽了，所有新盖建筑比原来的老房子后退了 3 英尺。老城厢和租界一样，新式西洋建筑使老式建筑黯然失色。遗憾的是，许多新建筑质量很差，从而使它们的寿命大打折扣，西洋风格有可能失去其追随者。

作为官府治所的武昌城变化也很大。一条用碎石铺成的马路横穿全城，城内有不少外国建筑和工厂，其中以官方、半官方机构居多。

一些中国官绅设想，在汉口背面的平原上依据现代原则再建一座新城，一条小河把它与拥挤不堪的汉口老城厢隔开。旧汉口城是按常规兴建的，即在一定的空间里容纳尽可能多的房子。土地在现在以至于将来都将创造财富。地价上涨使得一些工厂不得不向市郊伸展。现在的汉口城区周边遍布着工厂：从硚口的面粉厂和酿酒厂，到涢水下游的官办造纸厂和扬子机器厂。革命使城区范围大为缩小，周边许多建筑和村庄现在仅存残垣断壁。

1905 年，汉水沿岸筑起了一道防水墙，绕过平原直到涢水。防水墙长 14 英里，耗资 1000000 两。其目的在于防止圈围地区遭受洪水之害，在此之前这一地区每年免不了洪水一劫。这一目的已经实现了，只不过还有一些水闸尚待兴修以排泄雨水，因为潮湿的夏季过后可能整个冬季路面湿滑。有了这道屏障，就可以填高地基、扩建马路、拓展城区范围。已经有一些马路在高地基上修筑，对它们的规划有了一个通盘的考虑，但这一计划的实施对地产主来说是一个沉重的负担。时下人们有这样一种议论，在汉水到涢水间开凿一条运河，新的工厂兴建在运河两岸。

犹如一颗变革的星火飘临武汉，大有燎原之势。1900 年，租界区内一辆马车、几辆人力车就算得上新鲜事了；现在租界区内发展到人力车 1000 辆、汽车 7 辆。武汉三镇到处可听到人力车的吆喝，马车在武昌比比皆是。

17. 流动人口——人口流动主要指一般旅行，随着轮船、火车等交通设施的改善，流动人口将会持续上升。

1910 年，官方把一批逃避饥荒的难民遣回故里——满洲里。

武汉这座大都会，随着劳动力需求的增加以及吸引力的增强，吸引着越来越多的人离开家园。其中一些人在此定居下来，更多的人根据家庭农事需要走走停停。实际上这里的劳动力需求远大于供给。

这里诸如建筑行业、机械行业等的熟练劳动力，主要是上海、宁波和广东人。

18. 价格与工资——这十年里各个方面的生活费用有所提高，尤其是最近几年。一方面是由于中国人对奢侈品的使用越来越广泛，如煤油取代了质量低劣的照明物，香烟取代了土制烟叶。另一方面，也是更重要的一个方面，就是铜币贬值，人口增加促使需求量猛增。

食品、燃料、租金等方面费用的提高必然要求增加工资。

19. 灾荒、洪水、瘟疫、霍乱和其他地方性疾病——一句名言说道，在湖北，三山六水一分地。其中可耕地绝大部分集中在长江和汉水流域，山区森林被砍伐殆尽；洪水恣意泛滥，民不聊生，这种事情被熟视无睹，所以贸易报告很少提及。1911 年的洪水是这十年里破坏性最大的一次，各种报告相互冲突以至于进行权威性描述成为不可能。我总的印象是，每年约有 100000 人不同程度地遭受饥饿的威胁。

可惜的是这些灾难本可以用较小的代价避免而无须用上两年来重建和恢复以及那么多的资金。河流的淤泥是筑堤再好不过的原料，这一点为武昌的堤防工程所证明。如果要求每个村庄在冬季农闲时派出劳动力到就近处修筑堤防，给他们支付一定的报酬，不出两年，这一目的就能实现。造林不是一件难事，本地很多树木既可以作为木材，又有益于庄稼，把这些树籽播撒在山坡，5 年里就可以成林。实际上人们在第一年里就可以感受出来它们的作用。

这一带的恶性地方病很少，瘟疫未曾听说，霍乱每年都有所发生，除 1910 年外，还很难够得上一种地区性疾病。1910 年，汉口沿江发生大面积霍乱，好在没有扩展到其他地方。外国人中间每年都有霍乱发生。结核病和发烧在中国人中间是十分普遍的。本埠对外国人来说不是一块健康之地——夏季炎热，其他季节气温变化剧烈。

20. 陆海军沿革——当局采取了一系列措施，即分别在不同时期雇佣德国人和日本人作为教习，按现代原则训练地方军队。雇佣人数以及受训人数视总督对这项事业的兴趣和资金情况而定。不少军官被派往国外如日本留学，现在北方军队中相当一部分军官是湖北人。陆续修筑了一批防御工事，新建了一些军营。枪炮厂的开销也不小，但供给它的原料和设备，有的质量低劣，或者被滥用。

革命完全改变了这里的军事条件。

政府已经采取了一些实际措施准备创建一支地方海军，早在革命之前这里就有了一些过时、破败的舰船。

21. 出版——本地的第一份华文报纸创刊于 1900 年，并很快行销一空，尽管革命期间时有中断，至今仍然存在。可以说它是这一地区报纸的先驱，包括一些以外国人名义办的报纸。它们的数量起伏较大，最近几年发刊的有6份，一些受过高等教育的人相继被网罗作为编辑。尽管他们极力迎合社会各界，在编辑中必须保持高度辨别力，但仍然面临着两大危险，官方和民间都不承认报纸有自由表达观点的权利。官方往往以罚款、勒令查封、监禁记者投出自己的反对票，在革命爆发时仍有几名编辑被囚禁狱中；公众对这种权利的不承认往往捣毁报社。报纸在如此严峻形势下还有如此好的表现，值得赞许。在报社供职的很多人也没有报业方面的经历，没有受过编辑新闻的训练，对报道的真实性与价值缺乏辨别能力。值得庆幸的是，出版业在这样不利的条件下发展得还不错，征订数在不断上升，广告成为一大特色。

革命期间只有一份报纸在武昌出版。1912年初，有好几份报纸考虑准备复刊，包括一份英文，一份中文。

缺乏一般知识的读者倾向于对刊登的任何报道都应附上一份证明。中国人素来尊重形成文字的东西，一旦出版就能很快产生影响，所以舆论的好恶赋予未来的力量是无限的。可以期待，随着出版自由的到来，出版经历的积累，人们会倾注更大的热情，从而把中国出版水平提高到发达国家的高度。

1906年，一家英文报纸《汉口每日新闻》出版，至今仍在印行。另外两份报纸却中途夭折。《楚报》在1910年开始小范围发行，现在它的印刷相当精美。

税务司：苏古登

于汉口海关

1912年4月29日

海关十年报告之四
(1912—1921)

1. 贸易与运输。1912 年年初——革命后的第一年——汉口城的废墟仍在冒烟，贸易前景令人沮丧。尽管交通严重受阻，城区还在遭受蹂躏，但 1912 年的贸易总值居然创历史纪录，超过 155000000 两，而 1910 年只有 152000000 两。在如此动荡多变的政治、经济背景下取得这一成果，是中国人民自愈力的一个很好说明，也是这个民族商业活力的一个例证。

1913 年，一次流产的反总统事件闹得地方人心惶惶，掣肘商业数月。同时强盗抢劫冲击着货币与商品的流通，恶劣的气候使农作物减产，出口萎缩。但由于国外进口的增加弥补了其他名目的回落，所以这一年的贸易总值依然超过上一年 20000000 两。

1914 年，农业收成不如往年，湖北和河南的局势动荡，加上蝗虫袭击，夏季严重干旱，同年 8 月初世界大战爆发，所有这些抑制了贸易，全年贸易总值减少了整整 10000000 两。

1915 年，贸易总值再创新纪录，达到 186000000 两。这是由于气候条件有利，农业丰收，和平与安定的恢复，金融状况改善，汉口向中国其他口岸的出口增加等多种因素促成的。

1916 年，尽管战争的阴云仍然笼罩着本埠，这一年的贸易总值却超过 1915 年 15400000 两。商业活动中一个最大的特点是，由于价格起伏不定，某些交易可能赢利，而其他交易可能会遭致亏损。据报道，这一年的农业收成不错，同时一些农产品如茶叶、芝麻却不如往年。木材进口增加幅度较大，为 4000000 两，这从一个侧面反映了老城厢和租界区建筑业的繁荣。

1917 年的一个显著特点是持续的干旱，农业比一般年景减产 40%。长江罕见的洪峰致使汉口城郊四面渍水，农业收成严重受损，租界区内毁灭性的火灾又葬送了近 1000000 两，同时英国偏袒印度茶叶的关税政策，给本地茶叶以沉重打击。虽说有上述以及其他不利于商业的因素，诸如大战的僵局，以及由此而产生的对航运的限制、汇率的波动等，但这一年的贸易总值还是达到了 198000000 两，只比上一年少 2710000 两。

1918 年，贸易再次陷入困境，这是汇率不稳、缺少吨位、内部骚乱使然。然而，农业收成总体上看好于正常年景。据专家们估计，棉花产量大约为往年平均数的 3 倍，所以，这一年的贸易总值与上一年相比只下降了 8000000 两。

1919 年再次突破了往年的纪录，这一年贸易总值超过了 227300000 两——尽管汉水大小决口一百余次，农作物收成大面积受到影响。

汇率的波动、金融市场动荡、棉纱价格暴跌，致使大小好几家公司倒闭。军事暴动的谣传沸沸扬扬，人心浮动，加上联合抵制日货，使 1920 年贸易受到影响，贸易总值与 1919 年相比减少了 32500000 两。1921 年的贸易条件看起来和 1920 年一样令人沮丧，但贸易总值猛增到 201500000 两。

下列表格是汉口这十年贸易总值的发展情况：

表 4—1 1912—1921 年汉口贸易总值一览表

年份	关平银（百万两）	年份	关平银（百万两）
1912	155.1	1917	198.8
1913	175.3	1918	190.1
1914	165.1	1919	227.3
1915	186.1	1920	194.7
1916	201.5	1921	201.5

这一增长分散在贸易领域的各个分支。进口贸易从 1912 年的

72000000 两增加到 1921 年的 114000000 两，出口贸易从 82700000 两上升到 86600000 两，转口贸易提高了 8000000 两，过境贸易从 2400000 两一下子提到 11300000 两。

国外进口贸易令人鼓舞，从十年初的 49700000 两增加到十年尾的 78000000 两。棉织品累计在其中占有显著位置，原色布进口从关平银 1594684 两提高到 3218948 两；白色布从关平银 2308433 两提高到 3418357 两；染色的直贡呢从关平银 421717 两提高到 1323282 两；另一方面，黑色直贡呢一直保持在关平银 1500000 两。手帕的进口从关平银 13890 两增加到 51735 两，这一趋势表明中国人对西方生活方式的兴趣越来越大。唯一与棉花相关有所减少的项目是播种机，这是因为外国的播种机与本地的相比价格悬殊。日本棉纱的进口一直徘徊在 10700000 两到 3600000 两之间，据说这种产品的需求很大程度上受本地棉花丰歉的影响。中国烟草生产厂家每年产值有数百万两，但进口香烟的数量仍然很大，1912 年为关平银 298343 两，这十年里又几乎翻了一番。铜锭和铜板从关平银 1895785 两上升到 7969453 两。人工靛蓝贸易经过一段波折后，再次达到了 1914 年的水平，即 2000000 两，价格达到一战期间未曾听说的数字，降到了自德国作为竞争者重返市场以来更加合理的水平。国外机器进口值增加从一个侧面反映了汉口工业的发展，十年初各种外国机器进口价值 316232 两，到十年尾上升为 2500000 两。由于火柴生产翻了一番，生产火柴所需的化学药剂进口也大幅度提高。日本火柴曾经把欧洲产品赶出中国市场，现在轮到它们自身感受到本地产品的挤压，日本火柴产值这十年已从关平银 242958 两下降到 37649 两。

印刷纸在上份十年报告里崭露头角，此后稳定上升，现在已达到关平银 109898 两。红糖、白糖、精制糖、糖果，它们既是奢侈品，也是一个地区繁荣与否的指数，这些产品产值年度不一，波动较大：1912 年产值为 2680000 两，1921 年为 9820000 两。木材产值一直在关平银 445406 两到 4294633 两之间波动，后一个记录是在 1916 年创造的，这是建筑业市场繁荣的一个标志。也正是基于建筑业的发展，电器原件、家具、窗户玻璃、五金器具也有明显增加。煤油已深入中国的穷乡僻壤，价值从3970000两提高到9000000两。随着国外对煤油需求的急增（过去它仅用作照明），煤油的地位无疑会越来越巩固。机动有轨车、马车和其他运输工具，十年初只有关平银14933两，到十年尾增加到1158947两这个可观的数字。制造小京砖茶所需的外国茶末（与本地茶相混合）这十年从我们的表格里消失了。

1912年的本国产品进口值是22740000两，1921年达到36980000两。由于新兴纺织厂需求增加，棉纱和棉花一直是走俏货。香烟从关平银287981两上到3700000两，桐油从关平银805124两增加到3440000两。蔗糖进口一直保持稳定，其他产品有不同程度的提高。

出口是我们这十年统计里唯一呈下降趋势的项目，1912年出口值为13300000两。出口的滑坡始于1916年，当时整个世界都严重感到吨位不足；由于国外对中国主要原料需求量增加，1919年有所复苏；第二年这种趋势就终止了，这一年出口值为8840000两，是十年里最低的年份。大豆在1912年出现于我们的主要出口产品清单里，1913年为1500000两，1917年减少到只有关平银10605两，后来渐渐回升，1921年接近1000000两。生铁和铁矿石十年初出口为关平银653836两，1918年达到最高值7800000两，1921年跌落到只有2430000两。棉花的波动也很大，高峰期是1918和1919年，这两年出口值分别是关平银1820000两和1500000两，这一贸易与棉花的丰歉休戚相关。专家们一致认为，随着国内纺织工业的发展，棉花用量的增加，棉花出口会越来越少。桐油出口轻微波动，但总体稳定，1912年为关平银746925两，1920年达到1050000两。苎麻外销呈上升趋势。蛋白质和蛋黄销售因世界大战的打击处境艰难，出口值从1912年的关平银2530000两猛跌到1918年的6865两，此后迅速回血，1921年达到1300000两。芝麻、牛皮、植物蛋白和许多其他商品也因国外市场萧条而外销受阻。1916—1918年间，一些产品跌入低谷，还有一些从出口领域消失，只是到十年尾才有部分产品回升。清漆于1913年进入出口领域，1915—1918年间从出口表中消失，1921 年达到关平银 70124 两。

早在 1885 年就有人预言，中国茶叶有可能退出世界市场，那时赫德爵士依据其敏锐的判断奏明朝廷，印度茶的竞争应引起人们高度警觉，以期迅速采取补救措施。随后不少专家和商人又对地方政府和茶农提出忠告，即采用先进的种植技术、剪枝等，以保护中国茶的声誉，确保这项产品在出口领域的地位。这十年行将结束时，政府采取了一项权宜之计，免除茶叶的所有税收，这一切对改善茶叶的境况于事无补，并且由于俄国暂时退出中国市场而使形势变得更加严峻。销往中国其他口岸的茶叶也在不断下滑，以红茶为例，1912 年为 171500 担，1921 年仅 21000 担；与此同时，绿茶和小京砖茶分别从 41000 担、415000 担减少为 640 担和 15000 担。

中国产品运销国内其他各口岸的数量逐年有所增加，1921 年超出 1912 年 12300000 两（1912 年为 69400000 两）。如果把中国局势的复杂多变，农作物常因干旱、蝗灾等自然灾害以及商品和货币流通中的多重障碍考虑进去，这一结果还是令人满意的。

增长的主要项目是棉花，它从 7000000 两上升到 1918 的 25000000 两，1921 年下降到 16000000 两；香烟从 1400000 两增加到 3800000 两；蛋白质和蛋黄从关平银 518170 两增加到 3200000 两；医药从 1150000 两增加到 2310000 两；生丝从 1800000 两增加到 2700000 两；苎麻、面粉、桐油、丝绸则持平；芝麻由于地方作坊需求量猛增，外运从 8600000 两减少到 2500000 两。

在讨论本地产品运往中国其他口岸数量增加时，一个事实不能视而不见，即这些产品的相当比例被运到上海，然后出口国外。在世界大战期间情况尤其如此，当时正值吨位紧缺，有些货物不得不在海边存放起来，一旦机会到来，再输出海外。

出口贸易中一个令人不快的特点是本地生产者所沾染的短视陋习，弄虚作假。棉花和马鬃常常加水；皮革、羊毛和其他产品时常与灰尘相混以增加重量；一些未经鞣制加工的皮革由于不熟练的刮擦和拼接，质量大受影响。桐油是一项很有出口价值的产品，众所周知，它们常与低等油掺和。似乎只要某种商品在国际市场上行情看涨，生产者尤其是中间商就开始掺假，严重影响了产品的声誉。

过境贸易增加的幅度不可小视。1921 年发放给外国产品准运内地的通行证比 1912 年翻了一番，商品价值增加了 5 倍。

各国船只在该埠运输中所占比例如下：

表 4—2　1912 年和 1921 年各国船只占汉口运输比例一览表

国别	1912 年		1921 年	
	船只（百分比）	吨位（百分比）	船只（百分比）	吨位（百分比）
英国	20.87	44.75	32.95	43.00
中国	57.90	18.16	42.51	25.14
日本	13.08	27.86	18.81	28.16
德国	5.29	6.33	—	—
美国	1.29	0.57	4.71	2.80
法国	0.68	0.96	0.38	0.65

丹麦、荷兰、意大利、挪威、瑞典船只仅占0.80%。

上述数字反映了这样一个事实，英国船只虽说增加了 12%，但吨位却在下降，中国的情形刚好相反。人们还可以注意到，日本船只数量和吨位都在提高。美国在转运贸易中的比重提高了 4 倍，其中最后两年的进步尤为明显。运输业总的趋势是倾向于有定期固定航线和可靠航行日期。1917 年中国对德宣战后，德国旗帜在我们的运输表格中消失了。俄国的吨位也从 1914 年的高峰 57166 吨降到 1921 年的 176 吨。

在《内港行轮章程》范围内入水的船只从十年初的 1755 吨增加到 468792 吨。下列表格反映了这十年的运输情况：

表 4—3 1912—1921 年汉口运输情况一览表

国别	进出本埠的船只		平均百分比	
	数目（艘）	吨位	数目	吨位
美国	3894	1189804	2.301	1.876
英国	28700	25305576	16.960	39.895
中国	117065	17546044	69.176	27.662
丹麦	22	67028	0.013	0.106
荷兰	92	72522	0.054	0.114
法国	131	194755	0.077	0.307
德国	2725	1065284	1.611	1.679
意大利	59	653	0.035	0.001
日本	16164	17588253	9.551	27.729
挪威	104	140332	0.061	0.221
俄国	271	255112	0.160	0.402
瑞典	2	4936	0.001	0.008
总计	169229	63430999	100.00	100.00

下面是《内港行轮章程》范围内各国船只进出本埠的情况：

表 4—4 《内港行轮章程》范围内各国船只进出汉口情况一览表

国别	进出本埠的船只		平均百分比	
	数目（艘）	吨位	数目	吨位
美国	510	14412	0.552	0.494
英国	786	16201	0.851	0.555
中国	91026	2882419	98.556	98.696
日本	13	2863	0.014	0.098
挪威	4	4408	0.005	0.151
俄国	20	186	0.022	0.006
总计	92359	2920489	100.00	100.00

2. 收入——正如上一份十年报告所指出，革命使这里严重减收。1910 年海关税收为 3220000 两，1911 年减少为 2700000 两，1912 年收入开始回升，上升到 3230000 两，此后尽管有微小的波动，回升的趋势一直保持下来了。这十年的最高纪录是 1919 年，达到 4220000 两。由于内陆地区需求量保持稳定，购买力不断增强，本埠直接与欧洲和美洲打交道的趋势代替了通过上海获得补给的渠道，从而加强了人们普遍所持的观点，即如果更好地保护汉口通往海洋的这段长江，吃水深的大型船舶长年可以在这里停靠，汉口的地位会持续上升。

收入的增加由几个方面因素促成。1921 年是个丰收年景，进口税从关平银 811384 两增加到 1790000 两；出口税徘徊在 1670000 两（1921 年）到 2670000 两（1916 年）之间；沿海贸易税以 122821 两为基点逐年增长，1921 年达到 266391 两；转运税从 28966 两增加到 101868 两。

3. 鸦片——中央政府禁烟以及禁止种植罂粟的结果是 1913 年鸦片在我们的统计中消失。但只有两年的间歇，非法的烟土贸易重新抬头，并在邻近地区及长江沿线形成蔓延之势，达到一个令人不安的数字，1921 年仅汉口海关收缴和销毁的鸦片就达 17 吨。这一数字不禁使人联想到这项被禁止的贸易现在发展到了什么程度。不言自明，这些被查获和收缴的鸦片只是其中很小一部分。鸦片这一恶魔再次威胁人民的幸福生活。其补救之法在于禁止罂粟的种植，因为仅仅靠海关的禁烟措施、（征收）厘金、警察（取得了一些成效）只能触及问题的表层。

4. 货币和金融——本省流通的货币主要是洋例，小范围流通的银锭、大头银元等正在取代市面上仍能见到的墨西哥、广东、吉林、北洋元。除了这些银元外，这里的 11 家外国银行中有 5 家在汉发行可以在三镇范围自由流通且与中国银行货币等值的纸币。洋例与这种元的兑换值在69.5到 71 区间。下列表格是这十年两种货币最高与最低的比值：

表 4－5 1912—1921 年洋例与外国银行发行货币的兑换值情况一览表

年份	最高值	最低值	年份	最高值	最低值
1912	73.5	71.9	1917	70.8	69.9
1913	72.5	71.5	1918	71.0	70.1
1914	72.7	70.8	1919	72.0	70.3
1915	71.3	70.7	1920	70.8	69.0
1916	70.8	69.10	1921	70.7	70.0

1911 年由于革命的原因，两种货币的比价一度上升到 1∶80；1916 年各种元泛滥成灾，使比价降到 1∶69。外国银行向商业活动提供贷款的利率为 7%。这十年里外国银行从 6 家增加到 11 家，它们主要依靠收集汇票和外汇兑换谋取利润。武汉的 20 家中国银行不办理外汇兑换业务，只向本地商人提供贷款，利率为 10%～25%，定期存款利息为 4%～5%。

辅币在市面上流通的有 5 分、10 分、20 分的硬币，这些硬币与元的比价变动较大，从 10 个 10 分，四五个 10 分到 12 个 10 分不等。这种硬币之所以贬值，是因为这十年里本省行政当局准许各铸币厂过量发行银币作为创收来源。

除上述辅币外，还有一种劳动阶级使用的货币——铜钱。1916 年以来铜币的变化很大，首先是省铸币厂改制的 10 文铜钱，后来被大量私下铸成铜锭出口国外。这样，人们所熟知的这种小铜钱越来越贵重，在周边一些地区甚至消失得无影无踪。早在 1917 年，元与铜钱的兑换比值就大起大落，从 1400 枚到 140 枚。铜币增值后，铸币厂大量铸造面值为 10 文和 20 文的铜钱以谋取暴利，从而加速了铜币贬值的进程。

下表是这十年里贬值的铜币与银元兑换比值的情况：

表 4—6　1912—1921 年铜币和银元兑换比值情况一览表

年份	兑换比值	年份	兑换比值
1912	1309	1917	1400
1913	1304	1918	1493
1914	1388	1919	1420
1915	1404	1920	1571
1916	1409	1921	1612

由于汉口与一家活跃的省铸币厂毗邻，受铜币贬值之害较其他城市为烈。下层人民更是苦不堪言。事实上铜钱是大多数人的支付手段，农民在市场上售卖自己的产品获得的就是铜币；工资上涨幅度总是慢于物价上涨幅度，很少有同步之时，币值不稳无疑使以工资为生计者遭受其害，从中谋利者只是那些从事金融投机的钱庄。像中国这样一个国度，即使在丰年也是大多数人贫困不堪，货币的贬值更加剧了他们营生的艰难。

中国铜钱的一个显著特点是，铜钱与元、铜钱与银两间没有合法的比值，两者的变动像商品一样取决于铜币与白银间的供求关系。此外，铜币不是一个象征性的货币，它所含纯铜量与 10 文的黄铜币是不相同的，尽管它们同样代表着 10 文铜钱，两者在重量和质地上的差别导致了黄铜币和铜币在汇率上的波动。白银、铜、黄铜币间缺乏一种联结的纽带，各行其是，币值的升降由需求和其他因素确定。这种混乱的出现责任在于政府无力采取措施限制铜币的流通数量及铸造数量，也未能采取措施让国家银行以合法的比值兑换铜币。

此外，投放到流通领域的货币还有外国银行发行的元和银券，通过湖北省银行、票号、钱庄渠道发行的纸币，后者约计 200 家。由于各银行擅自发行自己的纸币（元或银券），信贷者接受这些货币要视发行银行的信誉和地位而定，有的与面值相等，有的要打折扣，有的则一文不值。金融市场的混乱由此加剧。

金融情况与商业活动的情形一样深受大战的影响，原有的价值标准在战争期间全部倾覆，使各种兑换的中间媒介价格扶摇直上。下面的表格向读者展示了一战以来洋例电汇伦敦的比价：

表 4—7 1915—1921 年洋例电汇伦敦比价情况一览表

年份	最高比价	最低比值
1915	3 先令 6 便士	2 先令 5 便士
1916	3 先令 10 便士	2 先令 8 便士
1917	4 先令 7 便士	2 先令 11 便士
1918	6 先令 0 便士	4 先令 6 便士
1919	8 先令 1 便士	4 先令 7 便士
1920	4 先令 4 便士	2 先令 4 便士
1921	4 先令 2 便士	3 先令 0 便士

1915 年头九个月，即世界大战在人们中间引起的恐慌与不安消弭之后，汇率才相对稳定下来，商业利润的细流得以不断涌现。但到年底，不规则的波动再起，市场行情动荡，这种状况一直持续到这十年结束。

1916 年 6 月到 12 月，大量白银从上海运往印度，导致上海银锭储备枯竭，这一点在中国其他商业都会都会反映出来。出口商们发现，他们要从外国银行获得往日的便利相当困难，商业萧条直到政府禁止白银出口以后才有所缓解。市场供应渐渐好转后，本地的铸币厂纷纷上马生产银元。1917 年 9 月，湖北政局的动荡再次给金融市场布下阴霾，借贷者要获得大额贷款几乎不可能。1917 年 4 月初，美国为了铸造辅币向外大量购买白银，致使银价暴涨，这种趋势直到 9 月才减缓下来。同年 4 月，由于战争，保险公司提高了保险利率，纽约与伦敦之间行情距离拉大。中国历来是作为一个卖主而不是一个买主，国际金融市场行情的波动对其国内市场触动不大，但后来它逐渐以买主的身份出现，目前国际金融市场的形势势必进一步促使银价上涨。1918 年，美国政府决定采取行动，从国库中释放350000000两白银用于出口，这可望在一定程度上缓解中国的境况。由于同盟国和印度的迫切需要，以及稍后英国、美国对白银出口施加限制，使得中国从中获益的希望变得渺茫。

本地白银市场经常性短缺的根本原因之一是，乡下居民大量聚敛银元，这个数字从未有人作过精确的统计。据报道，1919年大量美元进入湖北，此后这种情况再也没有出现过。这十年里本地市场几次白银短缺应该归结于这个原因。

要完成有关货币和金融的这一内容，有必要附上这个表格，它显示了这十年黄金、白银、铜币的进出口情况。读者应清楚，这些数字只代表了上报海关的那一部分，没有上报的流动金额除外，因此，此表极不完整。

表4—8 1912—1921年汉口黄金、白银、铜币进出口情况一览表

年份	进口			出口		
	黄金	白银	铜币(10分)	黄金	白银	铜币(10分)
	关平银	关平银	个	关平银	关平银	个
1912	—	15383746	463151639	—	4972739	19460120
1913	—	8606497	432319947	1100	3368823	3930000
1914	7408	6065721	279307351	15681	7260699	254624000
1915	5600	12917269	118009800	35230	7801833	42940000
1916	—	16878454	266840000	—	10266180	14520000
1917	20889	6637642	238760000	46098	5694999	8100000
1918	—	13693859	424280000	7000	6268967	25014800
1919	9300	13937712	1038060000	—	4350189	110420000
1920	1740	10509848	1272266000	—	8423018	124384600
1921	2520	4566353	881485000	12300	8704290	49200000
总计	47457	109197101	5414579737	117409	67111737	652593520

5. 人口——中国从来就没有精确的人口统计，准确的资料难以得到。中国邮政厅（1921 年的《邮政导报》）提供的下列数据是比较可信的；湖北省面积 71428 平方英里，人口 27167244，人口密度为每平方英里 397 人；汉口人口为 289804 人，汉阳 456312 人，武昌 488617 人。

这里的农村人口和城市人口的界线不像欧洲那样分明，可想而知，农民大多数居住在农村，但其中一些人也定居在城镇，主要是为了防范暴民。

6. 航路、港口、水道——这十年汉口长江段最高水位与最低水位分别是 1921 年 8 月 12 日和 1915 年 2 月 27 日，最高水位高出零平面 47 英尺，最低水位低于零平面 3 英寸；1920 年汉口长江段水位再次降到这一水准。汉口附近这十年里水道总的方位没有发生什么变化，只有一个例外是当罗湖洲（Willes Island）近水道关闭时，鸭蛋洲直水道通行，这个水道上次使用时还是 1912 年的事。1918 年，巴河（Paho）渡口不复存在。汉口地区关键水道之一的罗湖洲近水道限制船舶吃水深度达 7 年之久，戴家洲（Coliison Island）水道也有 3 年，这些通航水道水位最浅的时候是 1912 年和 1921 年，水位最低时只有 10 英尺，平均为 11 英尺 6 英寸。

7. 航标灯及助航设施——这十年初，汉口附近有永久性岸灯 10 座，永久性灯船 7 艘。这十年里逐年有所增加，随着出入本埠船只吨位和吃水深度不断提高，助航设施逐年有所添置。到目前为止，已有永久性灯塔 11 座，在枯水期有灯船 19 艘。1920 年，湖广水道助航设施由于失去实际价值而被关闭，大型船舶逐步趋向运用罗湖洲近水道。1917 年在大冶下游的公鸡头和汉金关（Hauchin Kwang）新建助航设施两座，前者是一座永久性助航设施，后者是一座洪水标志。1919 年，汉口地区新添助航设施一座，这一改造结束了原先租用本地木筏作为灯船的历史。1920 年 11 月，汉口地区获得灯船 6 艘，取代各地的本地船。其中两艘是钢制的，由九江移交过来；另外两艘是木船，在九江制造。1921 年初，本地区又添灯船 5 艘，从而使汉口地区的管理效率大大提高。1917

年，航道管理部门在几处关键性水道盖起了住所，新辟煤码头一处，另外在这些航道安装了向汉口和九江报告浅水状况的电报装置，在有关水道的出入口竖起了标志牌，浅水期牌面标明禁止通航。1920 年，一条吃水 2 英尺、装备发动机的舢板下水服役，取代租用的汽船。在两次枯水期里，它充分显示了自己的价值。1921 年，所有航标灯的木制外壳被淘汰，发动机和锅炉被拆除，安装了新的钢外壳。尽管和旧的差不多，但做了轻微的改动，以便更好地胜任它的角色。汉口地区改造工作由扬子江机器厂承担。1919 年，一座废弃的灯塔采用更加经久耐用的混凝土进行了翻新。1916 年搁浅的船只只有库托号（Kutwo）一艘，其于 6 月 5—29 日在 Poole Island 顶端搁浅。12 月 28 日，拖轮汉华号在汉口港下游方向被汽轮长塔号撞沉。1917 年两起引人注目的事件是乌林马努号（Wooling Maru）从 8 月 20 日至 9 月 16 日在金口对岸搁浅 27 天，拖轮何龙号（Heron）和驳轮圭拉克号（Guilliack）11 月 26 日在搁排矶沉没。1918 年有一段时间接连几艘船只搁浅，最严重的事故是 4 月 25 日中国江轮江宽号被湖北督军的战船楚材号在汉口下游2.5英里处撞沉，大约 450 人在此次事件中丧生。① 1919 年唯一的一起严重事故发生在 8 月 24 日，英国海轮淡水号试图避开深水道取道湖广近水道，结果在水道外搁浅，地点正好在近水道外的一个角落，大浪不断向船沿袭来，大船倾覆，船员弃船而逃，其中一名中国船员丧生。在 1919 年 11 月的一场大风中，一艘轻型船只受损，当局决定建造一艘大型船只填补空缺，建造由扬子江机器厂承接。1912 年、1913 年、1914 年、1915 年、1920 年、1921 年没有发生什么恶性事故。

8. 邮政和通信——有关中国邮政的发展情况由湖北邮政局长提供。

十年初，汉口是两湖邮政区（湖北和湖南）的治所，原先独立的沙市、宜昌、长沙、岳州邮政区现在改隶汉口邮政局长节制，成为它下设的分局。1913 年，邮政区划重新进行了一次调整，原因之一是与习惯的

① 招商局江宽轮被湖北省护送段祺瑞的楚材号军舰所撞沉。译者注。

行政区划统一起来。1914 年元旦，这一安排正式生效，同时废止原先下设的各分局，各省自成一个独立的邮政区划，治所设在省城。

我所考察的这一时期始于革命，社会充斥着暴力，无政府状态、骚乱、劫掠、江盗，这一地区没有逃脱任何一种劫难。洪水常常恣意泛滥，大批农田被毁，成千上万的百姓无家可归。尽管障碍重重，邮政服务还是稳定地扩散着它的服务网络，扩建了大量机构，新增了许多设备，到这十年终结，可以说湖北较重要的村镇无不纳入邮政服务的范围。邮政业务范围的扩大，不仅表现在大众对它的兴趣上，而且反映在邮政服务的宗旨上，这一点从下面的统计结果中能看得十分清楚。

在目前中国这块土地上，铁路还处在它的成长年，邮政业务传播到偏远地区只能靠某一阶层——信差的忠诚劳动。他们以平均每小时 10 里的速度昼夜兼程地奔波，风雨无阻，足迹踏遍各个角落，正是这些人维系着共和国广袤国土各省之间的联系。

机构——截至 1911 年元旦，湖北主要邮政机构 222 个，小机构 163 个。1915 年底分别为 375 个和 115 个，1920 年底分别达到 518 和 442 个。主要机构包括局和代理处，这十年里前者从 40 个加增到 134 个。小机构是指本地和农村的邮箱房和农村的投寄站等。

邮差快件线——1911 年初，连接各机构间的邮差快件总里程为 8735 里。到 1915 年底，由于一些新机构开业，邮差快件总里程增加到 16552 里，1920 年底为 19955 里。随着汽轮在一些区间的邮件投递业务中服役以及武昌至长沙、陇海铁路的开通，邮差快件线会逐渐消失。

轮船和铁路——1919 年，政府与各轮船公司达成协议，取消原先轮船将收取的邮费一半作为特许费上交的规定，轮船公司则同意在协议范围的轮船上专辟邮件室。另外，上海至汉口的轮船上配备一名雇员，人们称之为轮船邮政局长，具体负责轮船邮政。

在京汉铁路线上，为了旅客和公众的便利，两个流动办公署在各站巡回办公。

武昌至长沙铁路的兴建及其开通，极大地方便了到长沙、贵州的邮件运输，尤其是在枯水期间，这段时间里只有汽艇能抵长沙。火车运载邮件有邮政护送队精心照料。

如果京浦铁路、陇海铁路、京汉铁路不受目前存在的延误影响的话，上海至汉口的邮件运输可节省一天的时间。但南京到汉口所花费的时间比起铁路运输来说只是略长一点。

下列数据是 1910 年、1915 年、1920 年汉口地区邮政服务的发展情况：

表 4—9 1910 年、1915 年、1920 年汉口地区邮政服务发展情况一览表

机构	1910	1915	1920
邮局(office)	40	82	134
代办处(agencies)	182	293	384
小机构(minor establishment)	163	115	442
办理的邮政业务			
一般	3815072	10722500	21359800
挂号	394200	699600	1765800
快件	49128	152509	299000
保险	—	808	1101
邮寄包裹			
数量	37160	128200	289300
重量(公斤)	101040	506300	1870598
价值(美元)	493000	1435400	2953043
现金			
寄出(美元)	420000	1141700	3513839
兑现(美元)	330000	675700	2658896

下面一组数字是电信局提供的业务情况。这十年里新增电信线路

600英里。1920年武汉三镇电信机构处理的电报业务：国内收件161079，发出件121357；国外收件157608，寄出件88883。全部电报业务中大约15%是官方的往返电函。

9. 行政、省议会——1911年革命后，湖北省由都督署理。但1914年袁世凯废除了这一头衔，设置一名督军和省长。前者称为将军，后者称为巡按使。自此以后，军务与民政分离。1916年黎元洪出任总统，他又把这两个名称改为省长和督军。

督军控制全省的军队，他的主要职能是维持本省的秩序。

省长主持民政事务，他的主要助手是政务厅长和财政厅长。政务厅有四个科，即总务科、内务科、教育科、实业科。财政厅负责全省的税收和厘金。

中华民国成立不久，湖北分成3个道，共辖69个县：江汉道29县；荆南道20县；襄阳道20县。

每个县设置县知事一名，道由道尹总负其责。县知事是道尹的属下，道尹受省长的节制。自革命以来，清朝统治下的地方行政官职全被废除。

湖北省议会设在武昌。它首先被称为谘议局，1913年更名为省议会，议员数量由83人增加到104人。至于议员的年龄、资格在上一份十年报告里已经提及，现在仍然生效。1916年袁世凯解散议会，其缘由是议员拒绝他恢复帝制。但袁死后议会很快恢复。讨论通过的有关议案有省年度预算；象鼻山矿藏开发管理条例；湖北省银行改革方案；统一全省税收；森林条例；监护公共财产；改善茶叶贸易；地方教育、警察事务；修筑堤防等。

10. 司法、警察和监狱——在这个多事之秋的十年里，省司法系统没有什么变化。它们是湖北省高等审判厅（设在武昌），4个地方审判厅（分设于武昌、汉口、宜昌、襄阳）；初级审判厅设在小镇。与高级审判厅和地方审判厅配套的有湖北省高等检察厅、地方检察厅。由于资金不足，初级审判厅至今迟迟没有建立，但它已经在县衙开始临时运行。省里的最高司法权威是高等审判厅长，2名法官、8名助理法官、1名主要书记员、19名书记员担任他的助手。仅次于他的是高等检察厅长，他手下还有1名检察官、2名助理检察官、1名主任笔录员、10名笔录员。地方审判厅与高等审判厅人员配备大体相同，只是他们的人数稍少而已。高等和地方审判厅负责审理民事和刑事方面的案件，检察厅仅限于处理与刑事犯罪有关的案件。这种关系最引人注目的改进是颁行新的民事、刑事和商事条例，确定受理案件的费用等。这些措施的目的是确保法庭秉公执法，杜绝敲诈勒索。

除上述机构外，还有军事审判处，主要受理军事案件。审判处有1名高级法官、4名法官和4名助理法官。

1914年，武昌警务厅长被任命为湖北警察部队司令，他的衙门被称为全省警务处及省会警察厅。武汉三镇成为两个独立的警察辖区（武昌和汉口），以下再分成16个区和12个分区。每个区设署长1名，分区由巡官负责。革命之后，警察部队得到充实。警官高级学校于1909年建立，1914年停办，培训学校依然保留。近几年市政管理进步明显，几乎每个城镇现在都有了自己的警察力量。它们的职能是维持治安、防止火灾，负责与公众福利相关的其他事务。

此外还设置了水上警察厅，治所设在汉阳。水上警察有6支船队，分驻长江和汉水。他们巡逻在这两条大河上以确保航行安全，防止江盗。

在监狱方面，除模范监狱更名为第一监狱外，这十年里没有什么其他的变动，之前江夏县新建的一座监狱现在成了第二监狱。囚禁女犯人的专门监狱尚未建立起来，只是在第一监狱里为她们开辟了一小块地方。女犯人由女看守照看，她们的待遇与男犯人相同。一座军人监狱已投入使用，张敬汤、吴光新两将军就被囚禁在这里。还有许多隶属各种法庭的"临时拘留所"，用来拘禁那些待审的犯人。

11. 农业——湖北土地肥沃，劳动力资源丰富，是一个重要的农业省份；但农业生产是否充分发掘了土地所蕴藏的潜能值得怀疑。农民的工具极为原始：锄，竹或粗制熟铁耙；犁翻土的深度一般不超过5英寸。稻谷脱粒在田间由手工来完成，把稻穗放在木磙上敲打，谷子就会脱落下来，或者把它们铺在泥巴地上，用连枷打，抑或用石磙碾。

家畜中力气大的水牛最适宜农村繁重的劳动，它在家畜养殖中占有突出的地位。湖北全境养殖的还有羊、猪；鸡是农民主要的农副产品之一。由于货轮冷链空间有限，极大地限制了家畜出口。作为农用牲畜的马在湖北不多见。

收获丰裕主要是由于土地肥沃、充足施肥，尝试作物轮种还不多见。稻梗通常用来作燃料，有机肥的不足靠从城里收集粪便得到弥补。

湖北全境绝大部分地区适宜种植，除少数山地外，在山区少有的平地和人工梯田主要生产那些适合这里土壤生长的稀有作物。湖北森林资源较少，河流沿岸的山坡通常是光秃秃的，深山地区斑斓地点缀着低矮的松木以及其他难以成林的灌木，在它们成材之前已经被大量砍伐。

平原地区为一层很厚的冲积土覆盖着，它由长江携带而来，日积月累，沃土在不少地方积存得相当深。在一些平原地区，洪水期间常常出现悬河现象。河道两岸的堤防规范着河水的走向，灌溉较为便利，而且四季变换分明，这些地区不存在灌溉不足导致农作物减产的问题。

农产品中值得一提的有大豆（黑豆、黄豆），它的种植面较广。苎麻的种植主要限于沔阳南部，这种作物以其纤维牢固耐用而著名，除满足国内市场外，也销往国外，用于制造苎麻布、绳索、帆布等。

湖北还盛产大量用于出口的芝麻，特别是冲积土更适合种植这种作物。

湖北的烟叶产量估计不一，依据年景的丰歉在 25000000 磅到 50000000 磅之间。这种作物对农民极为重要，它直接影响到农民的经济境况。成熟的烟叶采摘下来后，将茎干部捆绑在一起，吊起来放到阴凉处晾干。然后堆起来，洒上少许水发酵，存放起来。或者把烟叶固定在中间有缝隙的竹帘上，斜放到太阳下晒干，干燥后打捆成包。

树籽可以用来提炼桐油的树木在湖北山地随处可见，汉口是这种产品最重要的集散地之一。由于提炼方法的陈旧落后，一般只能榨取七八成，人们常在这种油里掺和其他低等油以劣充优，不过这种做法逃脱不了现代检测手段。

湖北的冲积土也适合棉花种植，令人遗憾的是这一重要作物的种植迄今没有运用较科学的方法。较为普遍的方式是在棉田里间种其他作物，因而限制了棉花生长的空间，其做法是短视的。如果棉花种植的主要问题能得到应有的重视，并且引入科学的方法，中国无疑会成为世界上最大的棉花生产国之一。这是一个有深远意义的问题，值得引起充分的注意。

湖北是一个重要的产茶省份，茶叶种植区很广，优质茶的主要产区是鹤峰、崇阳、通山、长阳。据本地专家们估算，目前的年产量在75000～80000 担之间，种植面积约 53000 亩。第一次世界大战期间中俄茶叶贸易中断，这对一度繁荣的砖茶贸易是一个沉重的打击，恢复起来困难重重。

湖北有几个地区养殖桑蚕，但养蚕范围一直有限。

水稻种植集中在灌溉平原，但稻米供给一直存在缺口，许多城镇居民的粮食由湖南提供，粟、小麦、大麦、高粱在湖北不少地方也有种植。

湖北每年的大麻产量约 220000 担，其中大部分销往日本。

1911 年，一所农业学校在武昌开学，在校学员 50 人、教师 7 人；目前教员人数增加到 37 人、学员 200 人。三个农业试验场占地 165 亩，每个学生可分得一点试验田，种子和树苗由学校提供。全校共开设 3 个农学班、2 个林学班、1 个桑蚕养殖班。种子由南京农学院供给。目前学校尚缺乏现代机器和农用牲畜。

12. 矿藏和矿业——湖北的矿业这十年进展不大。1920 年，农贸部派出一个勘探队，在一名地理学家的带领下，对全省的矿产资源情况进行调查，目前结果还未出来。民国成立后，政府颁布了矿业法，由于政局动荡导致的经济不景气和对发展前景看空，开发矿藏以及改善运输设备所需的大量资金仍无着落。

汉口下游 70 英里处的大冶铁矿在上一份十年报告里曾经提及，目前雇佣矿工 1500 人，日产矿石 2000 吨，它们几乎完全被日本提前订购，主要出口日本，满足日本国立钢铁厂的需求，其中一部分运往汉阳钢铁厂。最近这个厂在石灰窑附近建起了两座高炉，大冶的部分铁矿就近运到这里加工成生铁。矿区到石灰窑码头间修筑了一条长 18 英里的标准铁路。

这十年里，湖北省矿业局在大冶地区新开辟了一座铁矿，它位于象鼻山麓。由于缺乏现代化机械，目前还只开发了表层。据估计年产量约 200000 吨，铁矿石储量为 6000000 吨，看来开采前景是十分广阔的。矿石含铁量为 63％，含硅石 4.63％、二氧化锰 0.43％、铜 0.048％。目前雇佣工程师 2 名、矿工 250 人。矿石通过单向标准铁路运往长江边的沈家营码头，货车装备了 4 台鲍德温机车、38 节车厢。

上份十年报告里提到的大冶炭山湾煤矿在这十年里进展不大。毗邻的银矿近几年也悄无声息了。

13. 制造业——年度贸易报告提供了关于地方工业、新增工厂、汉口制造业等方面的具体情况，这里只想提及这方面的总体情况。这里的主要工业包括机器厂、钢铁厂、棉纺厂、面粉厂、砖茶厂、榨坊、肥皂和蜡烛厂、蛋黄厂、电灯厂、压包厂、火柴厂等。

汉阳钢铁厂经过革命期间的长时间停顿，损失惨重，1912 年所有高炉不得不重新改装。1913 年这座工厂全面投产。总监吴博士（Dr. Woo）在这十年取得了令人满意的成就。为了增加产值，钢铁厂引进了大量新设备，用以满足大战期间对生铁和钢材的迫切需要。生铁和钢材的主要消费者是日本国立钢铁厂，同时用于中国的铁路建设。

汉冶萍公司——上述企业的联合实体，现在正在建设两座新高炉及辅助设施，新厂址在大冶铁矿附近。工厂将装备一条煤炭自动传输带，日运煤 1750 吨，并可以把煤炭从货轮直接输送到高炉，这将大大减少工厂的劳动力消耗。依据类似的生产线，一条把生铁从工厂运往货轮的传送带正在建设中。这座新厂日产生铁 800 吨，其中一座高炉可望于 1922 年 4 月投产。矿石供给由大冶地区解决，矿石位于内地 18 英里处，有一条标准铁轨连通。如果要全面投产，将要雇佣 7 名工程师、50 名熟练经营者、1000名工人。日本国立钢铁厂向这家企业提供金融资助，双方已就产量问题达成了协议。

上一份十年报告里提到扬子机器厂，这十年里发展步子较大。目前工厂占地面积20000平方英尺，装备了能生产内燃机、钢轨，建造各种型号船舶的最新式设备，修配轮船的大型船坞已经竣工，两座高炉在一名美国工程师的指导下已经竖起，这些设施可以为2000人提供就业门路。

这十年制茶业形势日趋严峻。1911年汉口出口国外各类茶叶价值接近关平银7000000两，1921年猛跌到只有133两。1919年，中国政府作出最后努力，豁免茶叶出口税，并降低厘金50%，以期恢复茶叶贸易的活力，遗憾的是未能达到预期的目的。英国政府在茶税政策上对印度的偏袒对中国茶叶更是致命一击，有人认为这是中国茶叶令人痛心地衰落的主要原因。

三个曾经红极一时的砖茶厂，1920年相继停产，这一工业要夺回失去的地盘尚需时日。1916年，这3家公司的产量创造了历史最高纪录，接近450000担。不久，布尔什维克政权建立，破坏了所有原先与俄国的商务往来，在反布尔什维克政权的斗争中，中国与西伯利亚的砖茶贸易临时进行过一阵子。1920年，高尔察克和邓尼金政权倒台，三家俄国砖茶厂关门，此后再也没有开工过。

然而中国人办的砖茶厂继续开业，尽管规模有所减小，它主要供应沙市茶商。这些商人通过铁路把砖茶运到张家口，然后在蒙古和西伯利亚边界销售。

由于汉口接近生产区，交通便利，这样使它成了中国重要的植物油集散中心。这里经销的主要产品有桐油、芝麻油、茶油、棉籽油、油菜油。武汉三镇及其附近开业的油业作坊大约有20家，日产油10000到20000斤。此外还有许多不太显眼的小作坊。

在植物油中，桐油的地位首屈一指，并很快成为制造油漆的最重要原料。目前在汉口大约有16家外国公司向国外出口这种产品，美国是它的主要消费国。一家美国公司开办了一座大型精炼厂，年产油200000担。这些主要靠货轮装载的油通过地下输油管道从油库抽到停泊在江面的钢制驳轮上。驳轮行抵上海后，桐油再抽到远洋货轮上。这家美国公司所属的制桶厂每天产桶400只。英国也办有一家类似的精炼厂，年产油大约10000担，制桶厂每天产桶约300只。

这十年里植物油制造业的一个显著特点是这一行业的长足跃进，其前景令人鼓舞，由于国内外对这一产品的需求量很大，它的地位日趋巩固。

中国对德宣战后，4家德国人经营的炼油厂停业了，据说1922年它们会重新开张。

这十年里，尤其是1920—1921年，由于政局的动荡，汉口市场的供应跟不上，物价暴涨，商业受到很大的冲击。

目前水力压包机实际上已经取代了手工机械。四家水力压包厂加起来每天能打包3000个，重量为11700担，每年粗略统计在2500000到3000000担之间。尽管如此，其间除1918年创下打包历史纪录的接近1500000担外，其他年景都未突破600000担。

第一次世界大战使蛋白质的需求量急剧上升，极大地刺激了蛋白质工业的发展，除一些不起眼的公司外，有代表性的外国厂家计有7家，本土厂家有5家，雇佣工人5500到6000人。只是由于新鲜鸡蛋的供应跟不上，这一工业的发展势头才有所放缓。据说目前的供应已达到了极限。

1916年关门的4家德国企业估计不久将重新开业。

这十年里制皂工业经历了一些起伏。十年里中国人开办制皂厂有15家，其中9家因各种原因倒闭，其余6家在2月至9月的几个月时间里每月生产肥皂5000～7000块。中国制皂业有一个显著特点，即尽管生产条件恶劣，生产手段落后，生产出来的肥皂质量却相当好。随着肥皂进入普通人家的日常生活，这一工业的前景是可观的。

除上述企业外，在该埠和近郊还有许多其他重要的工业企业，数量增加之快以至于人们来不及统计。7 个棉纺厂总的生产能力为 196000 锭，它们正在全速运转以满足国内外不断扩大的需求，不久可望追加 50000 锭。据估计，它们消费了入埠棉花的 50%。如果棉花产量没有大的突破，出口有可能会出现滑坡。两家火柴厂年生产能力为 83000 箱，雇佣工人 1000 名。5 家电厂向市民提供照明和工业用电，据认为，它们是最成功的几家企业。

5 家面粉厂每天总的生产能力为 15000 包，它们分布在汉口及其附近。几家袜厂、针厂、钉厂、桶厂和大麻厂正在逐年扩大生产。大量印刷机构不断涌现，其中只有一家由本地人经营。香烟制造业是一项极为重要的工业，也是新兴工业中成就卓越的一个领域。冷藏业随着本地区肉类需求量不断扩大应运而生，大量冷藏肉类被停泊在本埠的轮船运走。

大冶地区的华新湖北水泥厂每月产量已上升到 21000 包，硚口的游记砖瓦厂每月产瓦 150000 块、砖 700000 块。值得一提的还有 3 座外国人经营的碳酸水厂、1 家本地人的玻璃厂、2 座造纸厂、1 座现代化的酿酒厂、1 家地毯厂、1 家缫丝厂。

武汉大量工业人口的技术教育主要依靠 12 所专科学校和大学，其中 6 所由国家管理，另外 6 所由私人或教会开办。

随着中国逐步向工业化迈进，劳工问题日趋突出。上海劳工的浪潮逐渐向其他工业中心席卷而来，并在各地形成声势。原先“机器与劳动力”的斗争现在增加了“资本对劳工”的斗争。换句话说，历史又在重演，东方又在重复西方的悲剧。政治因素目前可以说还是缺席的，主要是围绕增加工资而展开。引人注目的是，学生倾向于与劳工合作，有迹象表明工会不久将在中国的政治斗争中扮演重要角色。迄今为止，当局对这一问题还毫无兴趣，而它恰好与中国的工业、经济发展密切关联。当然，过不了多久，政府将不得不正视这一问题。总的看来，掌握运动的主动权还只是一个如何教育那些无知而又要求更好待遇的劳工的问题，这也给中国思想界的巨子们提供了把群众合法愿望纳入合适渠道的机遇。

散兵游勇一直是一个困扰中国的问题，为他们找到出路是当今中国迫切需要解决的问题之一。兴修公路、发展交通是解决这一困难的有效途径。

近来中国的童工问题已引起了各方面的高度重视，遗憾的是废除这一制度的种种努力最终陷于流产。下层人民普遍贫困，各行业间竞争激烈，这些都使得终止这一做法的建议难以得到有效的支持。

14. 铁路和公路——在历史的长河里，汉口终将成为中国的铁路枢纽。目前它已成为两条线的起始点——京汉铁路和粤汉铁路——拟议中的四川至汉口铁路理所当然将以这里作为东部的终端。大冶的地方铁路体系——矿区距轮船码头 70 英里——也间接地辅翼汉口的贸易，尽管它们间无任何直接联系。上述铁路体系，有的已经完成，有的正在拟议中，它们在《汉口年度贸易报告》里有专门的论述，关于它们的发展有详尽的评价，因此这里没有必要重复那些细节。广州至汉口的铁路建设工作进展缓慢，这十年里间或有中断，汉口一段铺抵了株洲，只有 230 英里。推迟的原因无疑是政治形势，如果政局持续不稳，这条重要铁路的竣工将遥遥无期。

京汉铁路和粤汉铁路的运输能力往往因军事当局的干预大打折扣。机车有时被征用好几个月，由于缺乏管理能力，以及无视交通法规，导致机毁人亡的恶性事故屡有发生，损失惨重。沿线的旅客列车也被大量征用，给公众的旅行带来极大的不便。

除汉口至北京的公路外，实际上只是一条马车路（这条路穿过开封和镇定府），从严格意义上说这一地区再也没有公路。一些连接城乡的道路，在山区地段只适宜独轮车和单个人通过，一遇雨天则无法行走。沿河的堤岸通常被当作人行道。

除租界区外（这里有 25 英里长的现代公路），汽车交通鲜为人知。

中国人的保守主义和冲积平原水路交通的便利，这些成为发展现代公路的严重障碍。另外，公路经过的运河和河流要架设桥梁，费用自然很高。随着运输量的大量增加，水路运输显得严重不足，长此下去，人们就会发现现代公路是不可或缺的。目前的运输条件使许多市场的伸张力受到限制。

15. 教育——革命的直接影响之一是延缓了教育的发展。许多学校变成了军营，有些成为废墟，教师被遣散或另谋生计。不久，新政府摆脱了危机并设计了一个改革方案，其中特别强调了普及义务教育的思想。然而，改革计划的实施阻力重重，一波三折，政府在湖北发展教育的希望也变得越来越渺茫。由于军事的急需，凡是能得到的资金全部被抽走了，教育部门的财政情况极不正常，有时连教师的工资也开不出。教师和学生罢课在这里时有发生，使得已经积累下来的问题更加复杂化。

在这异常困难的时期，值得一提的是，意义深远的统一中国语言的文字改革已经在尝试。由教育部任命的一个专家委员会已经开展工作好几年了，他们力图废除多如牛毛的地方方言，使整个满洲中央帝国只讲一种语言。一种类似于日本使用的假名的发音体系——注音字母——已经草拟出来，1920 年在各级公学中进行推广。它共有 40 个符号、480 个音。正确发音的棘手问题由于国语字典的广泛流传迎刃而解。在这部字典里，每个字的正确发音和音标都已标明，有趣的是这种发音方法实际上是汉口的方言。稍后大量白话文课本、报纸、杂志问世，普通百姓可以阅读。

令人遗憾的是湖北省教育厅长没能提供有关本厅的任何统计，关于湖北省立学校的情况，我只有借助 1921 年《中国教育指南和年鉴》提供的数据：1 所高等师范学校、3 所师范学校、12 所商业学校、18 所中学、35 所工业学校、180 所高级小学、3845 所小学、202 所女子学校、7 所私立中学。1915 年以来，国立学校中教师和学生的人数尚缺乏统计资料。

外国教会学校这十年里得到了稳定的发展。十年里新创办了中学 3 所、商业学校 1 所、小学 1 所、贸易学校 2 所，原先存在的各类学校随着对教育要求的提高，规模有所扩大。分别由英、法、俄、日等工部局管理的在汉学校有大学 1 所、专科学校 2 所、中学 3 所、小学 8 所、商业学校 1 所、贸易学校 4 所。这些学校总共聘佣外籍教师 94 名、本地教师150名，在校学生有4000名。

当中国，尤其是湖北地区因政治派系斗争陷入分裂，又加上饥荒、洪水、战乱一同袭来的时候，一场寂静而又意义深远的心理革命却在悄然进行，它对未来中国的影响远比政客、军阀的斗争要深刻。背叛旧的伦理，改革和重建以及类似的术语等在学校、军营、官府、教会中到处传播。几十年前便开始孕育的知识的催化剂现在开始显示其惊人的效力。新大陆发现后革新西方人思维和信仰的各种因素，现在强烈地冲击着曾经给这个古老国度带来巨大活力的中国古代文明。除这些因素外，还有世界大战、形形色色学说的毁灭者。旅行是增长一个人才识很好的老师，拜占庭的文学家们从自由之城佛罗伦萨把文艺复兴的火种带回自己的祖国，同样，从美洲和欧洲回国的中国学生和移民给母国输入了新的思潮、新的理想。

怀疑主义已被现代教育唤起，它极大地动摇了整个社会结构的根基。年轻的中国正在黑暗中探索新的更好的社会秩序。基督教教义给人们提供了许多思维的要素，但许多人怀疑它的教旨是否适应中国人的思维，转而在达尔文、尼采、克鲁泡特金、托尔斯泰、马克思、欧肯，以及法国革命的思想家、作家等人的理论中寻求鼓舞力量。欧战结束后，当时最为先进的理论在俄国付诸实践，这些理论现在以各国语言的形式广为传播，并在下层人民中间找到了肥沃的土壤。新中国为了避免自己沉沦于不信任的海洋里，正在满怀信心地进行探索，在这种心绪不定的形势下，潜伏着爆炸性的危险。政治局势不稳，经济状况窘迫，下层人民处于水深火热之中，这就为那些煽动家们以俄为鉴改造中国培植了土壤。

16. 市政和卫生的改善、博物馆、医院——这十年里下水道设施有了很大的改观，建筑物明显增多，现代卫生在租界得到初步发展。

1911年革命以来，邻近城区人口不断流入，这就需要把租界背后的一片沼泽地辟为居住区，尽管建筑业十分活跃，租金还是扶摇直上。这种吃紧状况相当普遍，住宅一直保持旺盛需求。

外国人居住区拥挤不堪，尤其是英租界内。新近落成的建筑有七八座，土地价格上涨使得许多“行”的旧建筑被拆除，代以现代化新式建筑。汇丰银行、花旗银行富丽堂皇的大楼于1920年竣工。在英租界内，利华银行、亚细亚煤油公司浩大的建筑工程正在施工。中国邮政局、电信局、京汉铁路管理局都有了新的办公楼。正在建设中的新海关大楼钟塔高达150英尺，宏伟壮观。招商局、中国银行、台湾银行以及其他公司到这十年底都将有一批大型建筑落成。租界区内，兴建仓库、工厂及外国侨民住宅，占用了很大一笔投资。

招商局、太古公司这十年在自己的办公楼前修筑了新的堤防，从而使起自日租界的沿江堤防总长度上升到15000英尺。改造租界区前100英尺宽滨江滩的方案被提出来讨论过，现在搁置起来了。因为沿江马路最终要修到汉江河口，专家建议，附近的建筑业主应该为沿江堤边50英尺宽马路建设留出足够的空间，以此来安排未来的建筑。海关和招商局是依此办事的，但其间一些人在沿江用栏杆圈围堤防空间，建造房屋，给公共设施的改善设置重重障碍。当然，从事情发展进程来看，我们也可以理解，堤防扩建完成绝非一日之功，尽管如此，这一事实丝毫不能削弱人们按未来要求作出规划的愿望。

1917年中国对德宣战后，中国政府接管了德租界及其领事馆、德国人财产等。1920年，中国政府委派一名特别专员负责俄租界，租界的市政管理基本没有变化。

下面一组数字是这十年里市政预算增加的情况：

表4—10　1911年、1920年汉口市政预算情况一览表

租界	1911年	1920年
英租界	89432(关平银)	187438(关平银)
俄租界	27707(关平银)	109240(关平银)
法租界	43145(美元)	123474(美元)
日租界	29503(美元)	170488(美元)

总的来看收支是持平的。

按现代原则重建1911年革命期间被大火焚毁的汉口老城区的计划由于资金短缺陷入流产。由于迟迟未能作出决策，一些业主推倒原先的临时建筑，依照旧的样式兴建新的建筑。到1914年，城市80%得到重建，在现代原则基础上改造城市的机会丧失了。

1914年底，一项新的发展汉口的计划再次跃居显要位置，这项计划由海关总署督察长丁士源将军具体负责。它包括开发租界到张公堤之间的区域，在长江大堤、日租界北面到京汉铁路间修建一条林荫大道，这条路从铁路路基处继续延展，经过水塔，穿过汉口老城，直抵长江边。汉口城区的公路网络和排水体系也确定下来了，今后这项计划将扩展到硚口。从经济角度看，这个计划是正确的，也是可行的。由于面临资金筹集方面的困难，组织者又不愿向外国贷款，因此它有可能重蹈汉口重建方案的覆辙。这十年接近尾声时，一个新机构——督办汉口商场建筑事宜处成立，汤芗铭作为总监。根据最新信息，它将吸收外资，但至今还未作出任何具体安排。

下面是有关租界区卫生状况改善的情况，由海关医官R. 爱尔德博士提供。

在租界区，自来水的引入刺激了人们在住宅区和商业区装配厕所的愿望，尽管这是一项有益又十分重要的公众健康措施，它势必增加市政已经相当沉重的负担。由于缺乏排水系统，本地采取的污水处置办法是（建）化粪池、污水池等。如果租界区或在周边地区生活的富裕的中国人采用类似的卫生设施，污水处置问题肯定会变得越来越严重、迫切。建立租界区和华界区污水处置系统涉及大笔经费问题，这一工程的实施还要进行一系列复杂的谈判。

在英租界，为了加强对污水处置的监管以及对拥挤华人居住区的监督，工部局于1920年任命了一名卫生监督官。

在俄租界，这几年一个重大变化就是铺设沥青碎石路面，这一工作正在进行，它除了为日益繁重的交通提供牢固、耐用的路面外，还可以减少灰尘。

这十年里租界区的马车数量明显减少，它们留下的空缺由汽车所填补，搬运工在过去几个月里逐渐为卡车所取代，仓库到河边的货物运输现在主要靠卡车承担。

过去十年租界区竖起了不少新建筑，既有民房，也有官署，同时还有仓库，这些建筑物设计新颖，规模宏大。

国际医院可以划归这十年，它于1912年竣工并开始营业，1911年革命爆发后的冬天战事里，其一部分曾作为战时红十字会紧急救援医院启用。

这十年里汉口新盖的其他医院集中在一个新区里，罗马天主教会医院在华昌路（Faucheong Road），中国慈善基金会办的医院在马路（ma-lu）。后一幢建筑仿外国风格，设计合理，装备完善，医护人员全部是中国人。

老城厢这十年也进行了一些改善卫生状况的努力。据警察署报告，市政已加强了对销售食品的检测，并经常对澡堂和其他公共设施加以检查和监督。医生的工作已引起人们的重视，新发明的药物在批量生产前必须通过临床试验。街道有人打扫，垃圾一天倒三次。为了防止传染病扩散，还开展了灭鼠工作。

17. 人口流动——湖北人很明显的一点就是不愿外出，同时这个省也从来不是一个吸附外籍劳动力的中心。这里的人们不愿意离开故土，除非因遇大水被迫背井离乡，大水一经消退，他们又迁回家园。这些人宁可在破敝的房舍里苟且偷生，也不愿到异地谋生。1921年初，大约800名纺织工人涌入长沙的湖南第一棉纺厂，在这座城市引起不小的轰动，但同年5月，这些人又高高兴兴回到了自己的老家。尽管如此，武汉的劳动力一直供不应求，它对周边那些为营生而发愁的人所具有的魅力也经久不衰。

湖北由于外力引发的移民浪潮发生在1920年和1921年。此间对四川的战事吃紧，到处抓壮丁，强征苦力到营地服役，做搬运工和构筑工事。据报道，很多情况下这些人被赶到数百英里之外，身无分文，四处飘零，要想回家的希望十分渺茫。

干旱和洪水造成的饥荒有时也迫使受灾地区的人们流离失所。这十年里最大的移民发生在1920年和1921年，这两年间北方诸省普遍干旱，粮食歉收，大批难民逃到遥远的南方。他们露宿于京汉铁路沿线，靠政府和慈善机构的接济维持生计数月。仅汉口周边散布的难民就有大约3万人。五六月间当北方的形势稍有缓解，他们就乘北上的列车返回故里了。

18. 价格和工资——我所考察的这十年向人们展示的是一幅生活费用暴涨的惊人画面。一点不假，工资已有较大幅度的提高，但远远赶不上生活必需品的上涨。一个重要的原因是，洪水和饥馑迫使大量劳动力涌入市场，他们愿意从事任何工作以换取微薄的工资，从而加剧了工资指数的下降，与物价上涨形成鲜明反差。

一般情况是物价率先上涨，雇主们面临工人的反对而慢慢调整工资，所以工人在自己提出的要求得到满足前要度过一段艰难的日子。在中国，差不多每天都有罢工，几乎每次斗争，工人总是胜利者。正如欧洲的情形一样，起初的斗争是无功而返。在这一过程中，工人逐渐学会什么时候进行合理的反抗具有威胁性，雇主们为了自身利益也明智选择折中条件，以避免在冲突加剧情况下被迫做出让步。

有欧洲劳工作为范例，不难预言，劳动力价值与工资实际购买力之间的巨大差距会有什么结果。这些条件为那些自诩为社会底层的煽动家们提供了土壤，劳工问题肯定会日益严峻。中国的各行业都有自己的行会，每一个分支实际上是一个同业公会，或者某种程度上要成为这么一个机构。

1914年，生活费用上涨幅度特别大，世界大战打乱了平衡物价所做的各种努力，商品需求急增，从而使物价达到了一个前所未有的高峰。在本地人和外国人中所作的调查显示，人们生活必需品如大米、小麦、蔬菜、猪肉、鱼等价格平均上涨了125%，同期煤、木炭上涨了180%，鸡蛋上涨了200%，鞋、棉布上涨了200%，烟草上涨了100%，煤油上涨了150%。现在理一个西式发型所花的费用是原来流动理发匠费用的3倍。1911年，一个工人每月食品的花销为2.2元，现在至少要支付5.6元，估计增加了150%。

我已经说过，工资也增长了，尤其是上海来的熟练工人。事实上，木匠、制鞋匠、裁缝的工资比十年初增加了约120%，非熟练工人由于竞争激烈而生活艰难。正是这些地位卑贱、人数众多的劳动者承受着畸形环境的冲击。

物价暴涨究其原因是多方面的，也是复杂的。这些原因中，战争居首要地位，它颠覆了这个遥远国度的既有标准。人们对西方奢侈品日渐熟悉，个人娱乐花钱机会增多，本地人生活条件的改善，所有这些都促成了物价上涨。只要到街头转转，看看商店，就可以弄清外国产品在多大程度上成为中国人的生活必需品。进口的增加意味着对白银需求的增加，其结果必然增加开销。

与白银相比，铜币的贬值也影响到必需品的价格，事实上，本地人倾向于把它归结为价格上涨的主要原因之一。美元对铜币的汇率由1914年的1∶120上升到1921年的1∶170。如果省铸币厂仍然继续日夜不停地生产铜币，并大量投放到市场，这种情况不会有好转。值得注意的一个情况是，1921年底，1美元可兑换2.25磅铜币，金属价值仅为45美分多一点。

不久，海关税的增加也会引起抽税的进口品价格上涨。

19. 饥荒、洪水、瘟疫、霍乱和其他地方性疾病——在这个多灾多难的国度，素有忍耐力的人民所承受的痛苦之深重值得好好探讨。据目击者叙述，由于干旱、蝗虫、洪水侵袭，大量农作物被毁，房屋被夷为平地，人畜葬身于大水，田野满目疮痍，这样的悲剧经常发生，以至于人们听起来也不觉得触目惊心。

这十年初，湖北还没有从1911年毁灭性洪水的破坏中缓过气来，第二年所有低地仍四面积水。1914年和1915年，蝗虫又侵害了棉花和芝麻，1917 年的大水冲毁邻近 20 多个县的庄稼。两年过后，汉江大堤大的决口 10 次，小的决口 100 次，受害最严重的是王家营，这里 6000 英尺宽的大堤崩溃，附近 8 个县为洪水淹没。1920 年，湖北大部分地区干旱。1921 年，大水淹没了长江和汉水两岸的全部平原。

反映灾害所造成的损失的统计很有意义，但各种数据互相抵牾，要想从地方当局那里获得可信的数据十分困难，恰好这些官僚最有条件进行统计。自然灾害所带来的痛苦是一连串的——成千上万的人遭受饥馑、露宿之苦，数以万计的人无家可归，沦为难民，他们在田野里寻找一切可以糊口的东西以维持生命。暴民趁火打劫，灾区的邻里成为他们袭击的目标，劫难过后，尸横遍野，一片废墟。这种不寒而栗的情景即使统计资料可以说明，但不熟悉东方情况的人也难以理解。从商业角度看它的影响是深远的，这意味着国家经济遇到严重挫折，生产下降、购买力萎缩，它给这座巨型商业都会的贸易打击是沉重的。

这些灾难给人们带来的沉重痛苦显示了一个令人悲哀的特点，就是在很多情况下他们是完全可以避免的。然而，对付洪水的基本解决办法又往往超出地方的能力，地方资源加上外国救济，只能最大限度地为部分灾民提供食品。中国河道的保护——就防洪而言——完全依赖加固堤防，那么，要使大水驯服地流淌在河道里，就必须经常修补。堤防的加固与维修一般由私人企业承担，费用由官厅以某种形式拨付。从目前出版的中外文书刊的观点来看，今后这项工程将采取比过去更有效的雇佣劳工的方式进行。中国人是大型堤防工程的建设者，沙市附近的江堤抵御长江大水数百年，至今岿然不动，尽管这一带平原主汛期间在高水位线下 10～12 英尺。准确地把握各地区的生产能力、需求情况，改善交通状况，一旦灾情发生救济品就能很快地运往受灾地区，这对于抗击饥荒是大有帮助的。但是堤防保护问题涉及面太广，这里不再赘述。

至于防范措施，专家们的意见是一致的，他们相信，洪水泛滥的基本原因不难解决，在山区大面积植树造林，经过几代人，气候环境会得到改变，从而控制雨量分配，防止泥沙和盐类流入河道。

有关这十年湖北地方性疾病的流行情况由海关医官 R. 爱尔德博士提供。

过去十年武汉三镇没有发生什么严重的地方性疾病。瘟疫这些年已经罕见，此间好几个冬季满洲里瘟疫猖獗，在汉镇居民中引起巨大恐慌，他们担心京汉铁路成为瘟疫南下的通道。

亚细亚霍乱以一种地方性疾病的形式没有出现过，尽管每年夏天临床上零星的病例时有发生。最近一次严重疫情发生在 1908 年，之后几个季节里都有小规模爆发。汉口是流行感冒容易传播的地区，1918 年夏初和冬末，流感曾经猖獗一时，以后几年也时有发生。死于这种疾病的人尚无统计数字，有好几个外国人在较小的租界区死于流行肺炎。天花每个冬天都有发生，在中国人中间这是一种十分严重的地方性疾病。

接种疫苗在一些受过高层次教育的中国人中间已开始进行，协和医院（Union Hospital）向他们提供疫苗，如果穷人愿意接受治疗也享受同等待遇。

最常见的疾病是回归热，这种病一般出现在夏初，1921 年流行得最为普遍，病人多数是穷人。这种病和斑疹伤寒差不多，靠虱子传播，它是一种使人身体严重虚脱的发烧，只要通过静脉单剂量注射新胂凡纳明，这种病是可以治愈的。

疟疾的发病率因季节而异。汉口本身病例不多，汉口周边以及武汉周边地区每个秋天疟疾十分猖獗。每年租界都要做一些灭蚊工作，但秋天和春天蚊虫仍恣意横行。

20. 陆海军变迁——自 1911 年革命以来，军政已从总督之手转移到都督手中。1913 年二次革命后，都督更名为将军，后来又易名为督军。这十年里湖北经历了 5 任督军，他们是黎元洪（后来成为共和国总统，推翻清王朝的先驱）、段祺瑞、段芝贵、王占元、萧耀南（现任省长）。督军之下设镇守使两名，一个在汉口，另一个在襄阳；1921 年出于战略上的考虑又增设了两名，一个在施南，一个在蒲圻，其目的在于防止湖南和四川两省军阀入鄂。湖北的军队原先共有 1 个师、5 个旅、3 个团；

此外还有隶属于其他有影响的军阀的军队驻扎在该省，它们是在1915年、1917年、1921年与湘、川军阀交战时调入的，到1921年人数在4个师、10个混成旅左右。1917年，武昌军官学校开学，大约120名军官入校学习，毕业后他们将在陆军各级服役。1921年夏，这所学校关门。

战舰楚材号在1918年与招商局轮船江宽号相撞，损失惨重，修复后改名为楚振号。除此以外，湖北的海军体制变动不大。由杜锡圭率领的舰队自革命以来一直保持原有数目，即江利号、楚泰号、楚有号、健康号、利通号、永安号、建中号、江犀号、江贞号、江元号、楚振号、楚谦号、江鲲号、拱辰号和一艘鱼雷快舰。拱辰号在1921年8月驶出鲇鱼套时与江鲲号相撞沉没。

21. 出版——在清王朝统治时期只有《京报》发行到整个清帝国。1893年前，武汉还没有一份报纸，就在这一年，《汉报》问世，由于它涉嫌与唐才常有牵连，不久被张之洞总督取缔。1900年义和团运动爆发后，唤起了人们对政治和时事的关注，这样就萌发了读报的意念。紧随1911年革命之后，《汉口日报》脱颖而出，并很快在全省找到了订户，没有一个重要城镇见不到这份报纸。当然这些昙花一现的出版物的工作人员根本没有报道的经验，他们沉缅于不加区别地传播那些经常引起官民纠纷的言论，出版自由被误解。但征订数直线上升，显示出新闻事业良好的发展远景。武汉三镇现有日报12家，发行量达40000份，此外还有马丁路德教派和基督教青年会发行的小册子以及英国教会隔周发行一次的杂志。英文报纸《楚报》于1910年首次发行，现在日发行量已达1000份。

上份十年报告里提到德国人办的《汉口每日新闻》，因中国对德宣战已经停刊。

除本地报纸外，其他省的大量出版物也在这里找到了读者，人们对出版物的兴趣可以通过援引邮政统计数据予以说明。如1906年中国邮政局在武汉三镇发行印刷品103838件，1916年上升到1999000件，1921年达到3000000件。

总的看来，中国的出版物作为一种进步的强有力因素还远未达到人们所期望的可信、可靠的标准。也不是所有报纸都具有真正独立的地位，能够保证公正地讨论任何问题，有些甚至公开从事有害的宣传鼓动。随着出版物对公众舆论施加的影响越来越大，它所带来的负作用需要引起足够的重视。

另一方面，应该承认，从这些中文出版物中也能看到一些希望，它们一般对公众进行教育，宣传发展一个强大、统一、自重和受他人尊重的中国，树立人们的爱国主义。其中大量的文章反映中国的工业成就、铁路影响、中国商人在国外的成功、个人的爱国或慈善举动，有些文章涉及医学、电学、法律、航空等，文风朴实，街道上过往的行人一看就能明了，同时又传播了现代科学与进步知识。第一次世界大战及其灾难性后果也是各种报刊的重要内容。还有些文章记述和讨论一些斗争事件，枚举机敏辩论范例，讲述形形色色剧烈变动国度的自我否定、爱国主义的情况，以启来者。被束缚的东方妇女已开始解放，她们不再为年轻的中国出版界所小视。所有对运动感兴趣的人都认识到“思想必须改变，否则，什么都改变不了”。现在的中国与世界其他地方一样，旧的伦理正在崩溃。妇女将会独立，男女逐渐走向平等，未嫁从父、既嫁从夫、夫死从子的“三从”将要成为旧话。按出版界广泛流行的现代思想，女子应与男性公民享受同等的教育，参与分享民主提高所带来的好处，培养自立。摆在她们面前的任务是，放弃依附男人的陋习，戒除虚荣，养成简单朴素的生活习惯。

还有一个方面是，长期以来人们对西方政治、科学和成就所持的冷漠已一扫而光，代以求知欲。因此那些被呼唤出来担当中国出版界的领袖们责任重大。

汉口海关的下列成员参与了本报告的编辑：第一助理 C. 波斯先生，他完成了第 1—5 部分以及第 8、第 11—15、第 17—19 和第 21 部分；第三助理 R. 克特尔斯完成了第 16 部分，河道检察官 G. R. G. 沃斯特先生完成了第 6、7 部分；第三中国人助理胡福生先生完成了第 20 部分，第四中国人助理雷庄平先生完成了第 9、10 部分。

海关税务司：梅乐和

于汉口

1921 年 12 月 31 日

海关十年报告之五
(1922—1931)

1. 贸易——这十年里商业总的来说是从摸索与困境中走过来的。汉口地处中国腹心，物产丰富，发展潜力巨大，不可避免地成为南北政治派系争夺的焦点。有京广铁路穿过，同时又是汉口贸易腹地的湖南、湖北、河南在冲突各派的武装争斗中横遭蹂躏。除了内战导致商业混乱和中断外，这十年里还经历了共产主义的孕育与成长，在我从事报告写作时，这股势力已成为这个商业都会贸易发展的不利因素。到这十年快要结束时，这里又遭受了自开埠以来最为严重的水患。可以说它的影响在汉口贸易中将会长期感受到，因为周边的购买力已经削弱。如果 1931 年不发生大水，这一年在收入上或许是一个创纪录的年景，开年的头六个月里收入总额为关平银 5225650 两，而 1929 年（创纪录的一年）的同一时期只有关平银 2891956 两。

除了上述地方性因素外，影响贸易的无疑还有两个主要原因，即全球范围的贸易危机以及银价的贬值，要记住后者不仅仅是一种商品，而且还是中国的合法货币。下面这份表格反映了这十年贸易和收入的情况（见下页）。

这十年一开年的数字就是那个时期的高峰，此前的最高纪录是 1919 年创下的，那一年的贸易值为关平银 227372822 两，收入为关平银 4219599 两。然而这些数据并不代表真实状况，实则金贵银贱，1919 年每洋例一两与英磅的平均兑换值为 6 先令 4 便士，1922 年最多只能兑换 3 先令 8.5 便士。这十年里白银价格一直在下跌，1924 年、1928 年、1931 年曾有过短暂的回升，这或许是这期间贸易萎缩的重要原因。1922 年银价还高于平均值，此后逐年下滑，到 1930 年、1931 年降到了前所未有的最低点。1922 年 5 月官方的最高汇价为每洋例一两兑换 3 先令 8.5便士，1931 年 2—5 月只能兑换 1 先令 2 便士。

表 5－1　1922—1931 年江汉关贸易总值和收入总数情况一览表

年份	贸易总值(关平银)	收入总数(关平银)
1922	247173448	4516316
1923	290518976	4285452
1924	340060101	5595737
1925	354392903	5393218*
1926	348570991	5170680*
1927	253722725	2908023*
1928	377504295	5117160
1929	326877811	8263756
1930	258480574	7496549
1931	248717387	9559221+

注：* 不包括饥荒救济附加税；＋不包括水灾救济附加税

近三年收入的大幅度增加有四个方面的原因：1929 年 2 月 1 日关税自治的实施，进口税增加；1930 年进口税的征收开始以金本位为基础；1931 年元旦提高进口税；1931 年 6 月 1 日起增加出口税。对 1927 年的数字要做点说明的是，由于敌视外国的骚乱，抵制外货以及政局动荡，这一年是汉口贸易历史上最黑暗的年景。

详细考察已公布的贸易年收入将会看出一个事实，这十年进口总的趋势是，输入品主要限于中国不能生产的产品，如煤油、用电设备、机械等；由于中国劳动力低廉，那些在国内能生产、市场价格远低于进口品的商品越来越多地被拒于门外。这种趋势要追溯到第一次世界大战，在此期间中国更多地依靠自身的资源，银价下跌势必增加购买外国商品的费用，这也助长了这种趋势的发展。在国外学习工程技术和加工方法的回国人员不断增加，中国新式大学向按西方方式进行科学研究提供的设备也在增多，所有这些都有助于国内工业的发展。中国国内制造品取代外国工业品的趋向可以通过某些有代表性商品的比较情况来说明：

表5—2　1922年、1926年、1931年中外部分商品比较情况一览表

商品	1922年		1926年		1931年	
	外国	中国	外国	中国	外国	中国
棉花(担)	72653	168199	19794	151883	3	132629
本色布(匹)	615482	6160	301578	97856	28936	324007
本色细布(匹)	8850	42390	1570	68295	220	41890
袜子(担)	5027	—	832	—	1	—
棉花(担)	—	223076	—	140801	—	161622
蜡(担)	13036	2737	368	8431	36	10071
香水、化妆品(关平银)	220638	67910	252936	62819	79102	149071

应该清楚地是这些数字并不包括直接进入市场而不受海关监督的那些地方工业品。比较稳妥地估计，这些产品70%销往湖北省境内，其余销往湖南、河南、陕西、四川，销往上海和其他中国口岸的数量很少，遗憾的是我们难以获得地方纺织厂产量令人满意的数据。由于世情多变，厂主走马灯似的易人，记录未能保存下来。可以有把握地说，棉纱及本土布匹等地方产品在相当程度上取代了原先进口品的位置。

至于目前中国尚不能生产的某些产品，如汽车、卡车及其零配件的进口量仍有较大幅度地提高，1931年为关平银292912两，1922年仅为50892两。汽油从1922年的143774加仑上升到1931年的1083955加仑。汽油进口的增加当然是由于汽车和卡车数量的增多，后者数量的上升又归因于内地路面的改观，各要地间汽车服务的开通以及越来越多的富人和西化阶层增加汽车的使用。

机械和零部件的进口在减少，尽管还不至于像前面表格中的多数产品那样。银价下跌无疑是其中的主要原因，后五年局势的动荡也助长了这种趋势的抬头，结果厂主们宁愿使用破旧的机器或暂时关门，以等待局势平静、银价回升。用电器材的需求在缓慢而稳定地上升，装备电力的城镇越来越多，大量用电器材为富有阶层购买走，较高级的中国旅馆和大型私人住宅已装上了加热设备。

煤油的需求保持稳定，这种商品与从前使用的粗制植物油相比所体现出的优越性确保了它的地位，只有当突如其来的灾难如洪水、饥荒降临时，煤油的销售才明显下降，这种下降一般是暂时的。由于来往本埠的轮船数量增加，燃料的需求大幅度地上升，另一个原因是柴油机大量运用到工厂，面粉厂是其中的消费大户。

1922 年从国外进口的苯胺染料达到了关平银 1060529 两。这项贸易在 1925 年、1926 年、1927 年的多事年代里急剧减少，1927 年仅 109255 两，此后又有所回升，1931 年达到 865515 两。

许多商品进口减少是由于遍及长江两岸的骚乱，使政府采取了把货物集中储藏在上海的政策。从前汉口是长江流域的一个中心集散点，所有上游进口品都在此报关纳税。然而，现在经过这个口岸的大量商品多集中在上海装卸，仅在本埠转船。

至于出口，从下面的表格可以看到除 1927 年暂时有所下降外，一直保持着上升的势头，其中包括 1928 年，只是到了最近三年，出口领域才遇到一些挫折。

表 5—3　1922—1931 年汉口进出口情况一览表

年份	出口贸易总值(关平银)	转口贸易总值(关平银)	总计(关平银)
1922	16361458	118135403	134496861
1923	16278195	155225236	171503431
1924	19849002	171930104	191779106
1925	29994342	169306103	199300445
1926	23645347	189293855	212939202
1927	11986597	159848462	171835059
1928	27755677	202042898	229798575
1929	28008114	168862527	196870641
1930	18651138	138357891	157009029
1931	27119374	95441163	122560537

近几年出口减少的主要原因是全球性的经济大危机，国外对中国土产需求减少。导致汉口出口递减的另一个重要因素是最近三年席卷中原的共产主义浪潮以及由此引起的一系列军事行动，使内陆局势险恶，各产地与汉口的交通中断；地方军阀增加税收和摊派；湖南东部和河南原来供应汉口的相当部分货物经陇海铁路在海州找到了销路。就出口来说，白银价格的下跌可望对贸易产生有利影响。

值得注意的是，1931 年海外和沿海地区的出口值分别上升和减少，这是因为 1931 年 6 月实行新的税制，提高了税率，海关统计编制亦做变更，从前报由上海转船出口的货物在本埠计入转口贸易，现在改为出口登记。

2. 航运——这十年里进出本埠的船只数量和吨位基本保持稳定。1922 年在江汉关注册的船只有 12802 艘，总吨位为 7408838 吨，1931 年分别为 11176 艘和 7448362 吨。1928 年是创纪录的一年，出入港口的船只有 14260 艘，总吨位 8869999 吨。下列表格是不同国籍远洋船只吨位所占的百分比：

表5—4 1922—1931年各国远洋船只吨位情况一览表

国别	远洋船只		按照《普通行轮章程》进出的船只（包括远洋船只）	
	1922	1931	1922	1931
美国	8.76	4.30	2.67	3.53
英国	30.79	15.75	44.43	45.33
中国	0.88	8.05	24.92	19.6
法国	5.67	0	1.15	0.35
德国	1.68	10.45	0.20	1.42
日本	48.03	44.73	26.12	27.47
挪威	2.62	14.69	0.32	2.02
其他	1.57	2.03	0.19	0.28

在海洋运输方面可以看出，英国吨位下降幅度较大，1931年法国没有一艘船只入港。这十年里挂德国旗的船只由于对德贸易的上升而持续增加。值得高兴的是，中国船只在汉口远洋贸易中的比重从0.88%上升到8.05%。当我们把目光转向依照《普通行轮章程》进出汉口船只的总数时不能不感到遗憾，挂本国旗的船只有所减少，主要原因是军事当局经常性地征用中国江轮。上述表格没有显示出来的国别，如丹麦、荷兰、芬兰、葡萄牙、苏联、瑞典等国旗这十年里在本埠也出现过，但它们的比例太小，不值得一提。

下列表格展示了这十年依照《内港行轮章程》进出本埠船只和吨位的情况：

表 5—5 1922—1931 年依照《内港行轮章程》进出汉口船只和吨位情况一览表

国别	数目（艘）	吨位
美国	1153	58449
英国	1778	60058
中国	73184	2950680
日本	23	2544
总计	76138	3071731

关于《内港行轮章程》范围内的运输情况值得注意。1927 年初湖北建设厅成立，下设湖北航政局，它命令依照《内港行轮章程》在湖北范围内航行的中国船只必须在该局注册。因此，近三年中国人的航运情况就在海关内地水域航运档册里消失了。实际上在该局管理下，航行于湖北水域的轮船依旧可以使用航标灯和其他助航设施而不向其保护者缴纳吨位税。

内燃机船的数目在这十年里增长明显，这一点可以从燃料使用的增加中看出，1931 年本埠装用柴油大约 5000 吨，而 1922 年仅 200 吨，况且来往于汉口与上海之间的内燃机船大多在上海补充燃料，因此燃料使用所增加数目实际上比上述数字高得多。

这十年里年平均吨位税徘徊在关平银 50000～70000 两之间，异常的高峰是 1925 年，吨位税达 110030 两，这要得益于往来远洋轮船数量的增加。

3. 关税——从表 5—1 中可以看出，这十年里收入翻了一番多，这主要是由于采取高关税和以金本位征收进口税的结果。这一点也为第一部分表格提供的贸易总值所证实。关税自治实施后，进口税从 1929 年 12 月 1 日前统一的值百抽五提高到7.5%～27.5%。尽管这些税率后来作了一些修改，并在 1931 年 1 月 1 日颁行新的关税，税率仍然波动在 5%～50%之间。1931 年 6 月 1 日，提高出口品关税的政策付诸实施，然而收入的改观由于 1931 年 1 月 1 日取消进口税和子口税而被抵销。这两项税收在1929年和1930年每年总计都有关平银460000两。由于国外进口品大部分是在上海缴纳关税，所以进口税与进口值两者间并没有什么直接关系。

4. 货币与金融——这十年一开始就碰上了市场白银短缺，1924年的内战使情况进一步恶化，本地银行大多把现金运往上海以保安全。1925年底，汉口的中外银行不得不进口白银补充地方储蓄。1926年初，享誉30年的湖北官钱局所发官票突然暴跌70%。8月，由于担心北伐军进入武汉，富商大贾纷纷从汉口迁出，又给武汉三镇沉重一击。

中华民国政府中央银行于1927年元旦正式开门营业，但它的纸币还没有在公众中建立起信誉。有鉴于此，当局对银币实行禁用政策，宣称只有中央银行、中国银行、交通银行发行的纸币是合法货币，原先其他银行发行的纸币必须予以取缔。7月，由于宁汉分裂，从美国汇出的大量纸币在上海被截留，使得军费开支成为一大缺口。为此，这里赶制了价值约9000000元的纸币，同时政府对公众发出警告，如果拒绝接受这种货币，将以死刑论处，这一激烈措施使金融又陷入混乱。外国银行关闭，汇寄业务终止，商业又回到原始的以物易物方式。9月底，银币禁用政策得到部分解除，但仅限于本地市面自由流通。1927年，这里的商业得到了上海方面金融上的资助，汉口寄出的汇票在上海广为人们接受。由于实行银币禁用，在上海，银两兑换率由97上升到105（洋例银105两＝关平银100两）。1928年，洋例银和银元再次成为本埠的流通货币，省政府对现银出口偶尔加以限制，直到这年底，对银币流通的限制才完全解除。

1929年开始，市场再次恢复常态。有趣的是上海银行的纸币在本地商民中颇受欢迎，这些人以其自身经历发现上海的纸币是可靠的，与银币比较起来，在动乱地区携带更为方便。1931年夏，由于洪水的发生，商业再次陷入泥潭，本地银行业公会决定，将结账日期延长两个月，汉口金融形势稍微得以喘息。

这十年里本埠使用的实际货币大致有银元、银两、中外银行发行的纸币，辅币有 1 角、2 角、5 角。1927 年，只有指定银行发行的纸币才被认为是合法货币，这些货币的面值主要是 1 元、5 元和 10 元。中国中央银行印刷过有限的 100 元的纸币。1927 年 10 月开始，银两、孙中山银元、袁世凯银元、上海纸币可以自由流通。

下面的表格显示了铜币对元的年平均兑换率，从中我们可以观察到这十年里铜币一直在贬值，汉口洋例兑换元的汇率基本持平。

表 5—6 1922—1931 年银元兑换铜元、洋例价格表

年份	铜元(20 文铜币)	洋例
1922	1789	0.70618
1923	1925	0.70204
1924	2118	0.69836
1925	2426	0.70302
1926	2762	0.69677
1927	2753	0.71390
1928	3951	0.70900
1929	4067	0.70560
1930	4714	0.70520
1931	5463	0.71260

1922—1925 年，外汇一直保持稳定。银价总是在很小的范围里波动，从欧战结束到 1926 年基本上看不出什么差价。1926 年，市场开始出现不稳定的苗头，尽管如此，直到 1930 年初，白银价格下跌才真正开始。6 月 17 日，洋例一两与英币最低的汇率为 1 便士5.25先令。因银价贬值造成的关税担保之外债及赔款不敷偿还之虞，政府决定，自 1930 年 2 月开始，所有海关关税征收的进口税一律按金本位制计算。官价为 60.1866厘克黄金大致相当于0.4美金、19.7265便士、0.8025金元。

下表是洋例与英币汇兑行情：

表5—7 1922—1931年洋例与英磅汇兑情况表

年代	最高	最低
1922	3先令8.5便士	3先令1.125便士
1923	3先令5便士	3先令3.375便士
1924	3先令6.625便士	3先令2.5便士
1925	3先令4.5625便士	3先令1便士
1926	3先令2.375便士	2先令5.25便士
1927	2先令9便士	2先令5.875便士
1928	2先令10.875便士	2先令7.5便士
1929	2先令8便士	2先令1.625便士
1930	2先令1.625便士	2先令5.25便士
1931	2先令0.0625便士	1先令2便士

5. 农业——这一点我对上份十年报告要作补充的不多。占中国人口几乎75%的农民在耕作和种植方法上一直十分保守。从一些外国公司提供的有关人造肥情况来看，农民迟迟才开始使用这种产品，加上价格昂贵，问津者寥寥无几。1929年，一家公司出售10000袋每袋重100斤的硫酸铵，第二年这一数字翻了一番。然而这十年最后一年，由于遇上罕见的大水，销量骤然大跌。人造肥大约66%卖到了黄冈和麻城两县，这两地的作物以水稻和小麦为主。由于内地局势动荡，盗窃和抢劫成为十分现实的威胁，希望通过建立一些机构来处理这些昂贵的人造肥的良好愿望看来要落空。

农业机械如拖拉机、犁、收割机、打谷机的使用实际上是个空白，农民太穷，他们根本承担不起这笔费用。而且土地是一家一户耕种，面积小，单个农户使用起来不划算。农业机械要想大范围推广，必须进行集体耕种。

长期以来汉口一直是中国最主要的桐油集散地，虽说湖北算不上桐油生产大户，但生产油籽的这种树木在全省随处可见。从 1929 年 11 月开始，桐油出口制品装运上船前，必须获得汉口商品检测局的许可证。

曾经红极一时的本埠茶叶贸易现在已经衰落到了很不起眼的地步，最严重的打击是欧战期间俄国市场的关闭，而且来自锡兰茶、印度茶的竞争越来越激烈，欧洲公众日趋偏爱味道浓烈的爪哇茶和印度茶。在俄国，茶叶由国家垄断，尽管近年来本地一些厂家与苏联签订了协议，但数量较小。不过还没有理由说这十年里湖北茶叶种植不如上个十年，上一份报告提供的数字在 75000～80000 担之间。由于缺乏大型茶场，准确的数字无从获得。从 1931 年 11 月开始，出口的茶叶装运上船之前必须贴上检测证。但本地茶叶运输商认为，茶叶运抵汉口前应即行接受检查，这样，采购中间人、茶行就不敢擅自购买劣质茶叶，转而与茶农接洽，要求他们改进茶叶质量。

水稻在湖北种植稀少，本地人食用的稻米大多从芜湖、九江、长沙进口。

对棉花工业的评论将在第 6 部分里论及，这里要说的是，如果政府派遣专家监督种植，中国无疑会成为一个棉花生产大国。

水牛在家畜中依然占据显要位置，它们被广泛用于农田耕作。欧洲农民普遍使用的马匹在这里是稀罕之物。羊、猪的喂养规模很大，鸡蛋加工业日渐重要。

除一些山区外，湖北全省大部分地方适于种植树木。然而湖北的木材却不多，有的树木太小，有些地方根本没有植林，木材对湖北来说十分短缺。

烟草生产好的年景能达到 20000000 磅。烟叶首先挂起来晾干，然后洒上少许水以加速发酵过程，存放一段时间后打捆成包。

湖北的另一种重要作物是苎麻，它的纤维广泛用来制造帆布、绳子和夏布。最近又大量用来制造顶篷。以苎麻纤维作原料生产的布匹所取得的成就尤为令人惊叹，它已在欧洲市场对亚麻贸易形成咄咄逼人之势。法德两国现在广泛采用了这种纤维，迄今为止，英国的需求量还很有限。

1931年夏，毁灭性的洪水吞没了汉口及其周围地区，这再一次证明迫切需要组织一个专家团体来控制堤防的兴修，以使堤防维护既适当又经济。洪水威胁对汉口周围的农民来说是最感头痛的事，许多人的土地地势低洼，完全依赖长江大堤的保护。这一年的大水使这片土地化为一片汪洋。然而也有有利因素，洪水消退后留下的大量淤泥作为肥料使用是无价之宝。对洪水的进一步论述将在第9部分展开。

1911年，位于武昌的农业专科学校开学。1926年时局紧张后，这所学校关门，复校计划现在正在拟议，由于财政上的原因能否马上实现还值得怀疑。

6. 工业——过去十年里工业的发展未能达到预期的要求。工业领域许多部门大踏步前进的势头由于漫无止境的纷争而受到羁绊，近几年的商业活动也因此被扼杀。

武汉三镇的主要工业可以归纳为棉纺厂、制袜厂、机器厂、钢铁厂、蛋黄厂、打包厂、砖茶厂、肥皂厂、蜡烛厂、火柴厂、卷烟厂、面粉厂、桐油作坊、电厂、油库等。

1921年以来，棉纺工业得到了长足的发展。其中7家棉纺厂值得一提，它们全都装备了现代机械，共有织机3500台、纱锭300000枚。这一工业正好投合了中国人的口味，它的发展被视为中国独立创办工业的一个例证。中国棉花的纤维太短，只适宜纺织粗纱，高级一点的布匹只得从国外进口棉纱混纺。种植高等级棉花的科学方法，中国老百姓仍一无所知。优质布料本地纺织得很少，这里的主要产品是衬衫布和夏布，它们一般由8～22支纱纺织而成，超过16支的棉纱常由进口棉混纺，其中外国棉的比重占到了50％。这些厂家每年究竟有多大的产量还难以估算，如果以每锭每天生产1磅来计算，一年大约生产821250担。另外，3500台织机以每台每天生产40码的夏布或衬衫布计算，那么每年总计可完成 2874375 匹。这些数字中要减去大约 10%，以抵销较少的次品、机器维修、休假日等。

制袜工业在 1919—1920 年引入。在此之前富人穿的是进口袜，穷人则使用自己做的布袜。随着欧式袜子的广泛流行，袜店纷纷开张以满足不断增长的需求。手工机械现在总数达到了 200 台，尽管生产规模还十分有限，但产量足以满足本地需求，剩余部分流到了西南各省。制袜机多数是本地生产的，价格在 30～40 元之间，而从日本进口的机器每台高达 150～200 元。70 针的机器生产的袜子质地疏松、价格便宜，200 针的机器所生产的袜子牢固、耐用。袜子根据季节不同，有的用棉纱织成，有些用丝和羊毛纺织而成。

上份报告提及的汉阳钢铁厂、汉冶萍公司、扬子机器厂这里没有什么要载述的。这十年初由于对生铁的需求减少，这几家企业纷纷歇业。十年里新诞生的一家公司是六河沟煤矿公司。1922 年，它接管了扬子机器厂的炼铁炉。该公司所需的煤炭主要依靠平汉线运输。由于军阀和共产党活动，这条线时常中断，生铁产量受到极大影响。1922—1926 年、1928—1929 年产量均为 85935 吨，1927 年由于政局动荡一度停产。1930 年军阀再次插手铁路，这家公司不死不活的状况一直延续到了 1931 年 11 月 17 日。

汉口共有蛋黄加工厂 8 家，一个季度消费新鲜鸡蛋 420000 担，主要用于生产干蛋黄、蛋白和蛋沫。鸡蛋市集要持续 7 到 9 个月，主要产地是汉水流域及周边农村。加工厂一概为外国人所有，并装备了现代机械。和记洋行是其中最大的一家，一个季度消费鸡蛋 130000 到 150000 担。

汉口现有打包厂 5 家，全部装备了新式水压机。1921 年这样的企业是 4 家，新开办的一家由广东企业家经营，产值情况还远远未达到设计要求。

砖茶工业这十年里一直在走下坡路，它正面临着销声匿迹的危险。据说俄国正在兴建两座这样的工厂，而俄国正好是汉口砖茶的最大市场，一旦俄国砖茶上市，对汉口砖茶厂来说更是雪上加霜。

制皂工业虽说制作方法原始，但还是有所发展。就洗衣服的肥皂而言，各种进口肥皂已完全为本地产品所取代，尽管它们的价格比上海肥皂要贵20%。两家火柴厂面对日本和瑞典的竞争，进展不大。

英国烟草公司在这里有两家企业，一个在从前的德租界，一个在硚口。汉口烟厂最大的年生产能力为4872600000支，雇佣工人2000人；硚口烟厂最大的年生产能力为2274500000支，雇佣工人800人。

过去十年里，汉口面粉厂总生产能力从日产面粉15000袋提高到20000袋。进入汉口的大量桐油来自长江上游和湖港地区，主要产地是重庆、常德、沙市、万县。在汉口，经营这种产品的6家大公司中有5家由外国人管理。粗制桐油运抵汉口后，抽到储油罐里，然后放进由蒸气环绕的油槽里，油在这里加热后冷却，沉积物便沉淀到油槽底部。净化的桐油再抽回油库以待启运。每年销往欧洲市场的桐油大约35000吨，1931年是最好的年景，出口达到50000吨。

汉口共有4家电力公司。这十年里为了满足日益增长的对电力和照明的需要，这几家电厂都有相当大的拓展。这些公司中最大的要数汉口既济水电公司，该公司现在正在安装一台6000瓦的涡轮交流发电机和3口高压锅炉，每口锅炉每小时蒸发能量为34000磅，从而使它的最大生产能力从1923年的4900瓦提高到10500瓦。

在诸多新企业中，由德士古煤油公司在滠口修建的设施值得一提，除了能容纳400000加仑石油的大型油罐外，还建起了三座石油货栈、一家每天能生产5000个铁桶的铁桶制造公司。

华新湖北水泥公司是汉口唯一的一家水泥企业，设备先进。1930年，产量达到120000～130000桶（每桶300斤）。1931年，政治局势动荡使这个厂的生产受到影响。康成酒厂是这一带从事酒类生产唯一值得一提的公司。1926年是它创纪录的一年，产量达到了220000加仑，此后逐渐下滑，到1930年只有75000加仑。其主要原因是受到来自爪哇、马来亚的强有力竞争以及经营条件日趋恶化。

工会和罢工——1922—1923年，武汉地区劳工运动和工会活动大致如下：1921 年，上海的劳工浪潮迅速波及武汉，到年底能够号召罢工、使商业陷入停顿的工会就有 30 个。事态进一步恶化，1923 年初，吴佩孚将军试图扑灭它们的活动，2 月 7 日，他动员军队驱散了京汉铁路的劳工领袖，其他的工会被强行取缔，有些残余保存下来了。到 1926 年国民党攻占武汉，劳工运动再次疾风暴雨式爆发，在 3 个月的时间里，名目繁多的工会一下子上升到 158 个。它们根本不考虑贸易和商业的利益，一味要求大幅度地提高工资，改善工人待遇，一旦要求在两三天内得不到满足，就举行大规模罢工。由于国民政府同情工人，这样就很难找到一个补救方法，1926 年 10 月和 11 月，两个月里罢工 50 次之多。为了调解劳资冲突，成立了不少组织，但最后的裁决一般有利于工人。有影响的中国商人以及普通民众对政府怨声载道。1926 年 11 月底，一个调解劳资纠纷的临时委员会在湖北组成，在里面，商会作为雇主的代言人。商人还组织了一次抗议工会的群众集会，其结果是，临时委员会决定，未经准许的任何罢工均属非法。形势极为严峻，本地外国公司决定，把劳工麻烦作为一项内容列入中国商品出售的协议里。

1927 年 2 月，全国总工会迁到汉口，同年底，全国总工会宣布举行同情上海工人的总罢工，汉口一下子成了工人运动名义上也是事实上的中心。1927 年的政治麻烦使商业停顿，外国人撤离，失业人数猛增。在革命军抵达汉口前，注册失业的人数是 36000 人，革命军抵达后跃升为 136000 人。劳工的煽动和政局的不稳定一直持续不断。1927 年 7 月，国民党与劳工间的摩擦达到白热化，各工会的领导人逃出汉口，工会呈现群龙无首的局面。极端主义遭受了一次惨重挫折。

在孙科的主持下，根据国民政府的命令，工会进行了改组。这次他们似乎意识到过去的政策应该终止，同时决定工人合法的要求必须予以支持。为了控制武汉的各工会，9 月 23 日，武汉总工会成立，另外省政府还组建了一个仲裁法庭。

唐生智将军垮台后，南京军队占领了汉口。地方当局加紧反共，1928 年元月，所有工会被勒令解散，同时取缔了调解劳资纠纷的各种仲裁法庭。

1928年5月，政府重组了调解委员会，以着手恢复被解散的工会，雇主利用商业的不景气状况趁机大量解雇工人。到1928年底，失业人数达到100000人。1929—1930年，局势依然不稳。1930年，由于物价上涨，再次引发罢工。地方当局对事态的发展采取了强硬的处置手段，4月，总工会发布了一项命令，没有它的许可不得宣布罢工。遗憾的是，为了证明自身的存在，它继续进行鼓动，制造劳资纠纷。

1931年，汉口罕见的洪水加剧了劳工问题。人群簇拥至码头，要求提高工资5～8倍，政府被迫采取严厉措施，严加防范，一方面维系了商业活动的正常进行，同时也确保了半年内劳工基本保持平静。

如前所述，劳工联合会的几起几落，构成了这十年本埠政治和商业生活的一个显著特点。看来运动在工人中间还远远缺乏广泛性，它主要依靠少数组织者和工会官员的活动，这些人似乎对借机敛财更感兴趣，根本不关心改善下层人民的福祉。

这十年另一个明显特点是工人工资的支付手段从铜币转向白银，这一重大变化发生于1925年湖北省官钱局倒闭，铜元票不复存在。

7. 矿业——这十年里狮子山和象鼻山铁矿已开始开采，发展潜力还很大，前者在石灰窑雇佣工人300人，每天可产矿砂1500吨；象鼻山沈家营矿区雇佣工人150人，每天装运上船的矿石800吨。这两个矿场离自己的货栈码头大约15英里。两处的矿石主要由日本消化，十年里出口日本的矿石总计约4000000吨。狮子山矿场的一个重要客户是日立钢铁厂，所以它的产品需求一直不错，尽管钢材市场有时不景气，但对它的影响不大。这里的矿石品位相当高，含铁量约60%，遗憾的是没有引起中国对这笔财富足够的重视。

有一定知名度的应城石膏矿最初由湖北石膏公司经营，1918年破产，此后改制为官督商办企业，进展还是不大，1927年，矿区由湖北省政府接管。尽管如此，由于税收的沉重和运输困难，人们购买外国石膏实际上比本国产品还便宜。该公司现在再一次落入私人手中，为了使自己的产品能和外国产品竞争，公司决心下大力气削减生产成本。

位于应城县的应城沟盐局盐矿仍然在省财政厅的管理下运营，政府已经应允在云梦、汉川、应城等县实行食盐专卖，详细情况不得而知。

8. 交通——从上一份十年报告里可以得知，除有一百余年历史、连接京汉的公路外，本地区没有什么其他的公路值得一提。近五年来地方当局在这方面做了不少工作，铺设标准和普通路段约 3000 里。为了鼓励公路的兴筑，政府允许私人修建公路，并负责管理沿路的交通服务。不过这一权利有一定的时间限制，时限满后，公路的产权转归省政府。据估计，湖北省现有公路 956 英里，1931 年竣工的有接近 168 英里。很显然，公路的拓展是由于客货运输不断增加的结果，美国市场几乎完全垄断了这方面的原料供应。

商业航空服务只是在近几年才在中国找到立足点。交通部与中国国家航空公司签署了一份协议，从 1929 年 10 月 12 日起开通上海与汉口间的邮件和旅客服务。1931 年 3 月 10 日，这一业务扩展到宜昌，同年 10 月延长到重庆。如果天气情况许可，汉口与上海间每天有一次航班（星期一除外），但到重庆的航班每周只有星期四和星期六才有。这条航线不久可望延伸到四川的成都和陕西的西安。中美航空由中国政府控制。上海至汉口的航线走长江一线，投入运营的有 7 架 525 马力双引擎飞机，4 架 325 马力斯廷森飞机。每月飞行于上海至汉口的实际里程总计约 28000 里，汉口至重庆的距离大致与到上海相等，遗憾的是这方面的数据没有得到。每月由上海乘班机到本埠的旅客约 60 人，其中三分之一是外国人，每天携带邮件 30 公斤。

1930 年 7 月，湖北开始在全省开办长途电话服务，经营机构分设在汉口、武昌和其他中心。鄂北线已到襄阳，宜昌线抵达皂市。武汉电话管理局已签署了装备处理 8500 具电话的自动电话系统协议。为了使这一切成为可能，还铺设了跨长江和汉水的江底电缆，武昌的 1500 具电话处理系统已经完工。到 1932 年底，汉口和汉阳两地也可望完成。耗资 200000 元的电话管理大楼正在施工。

交通部汉口中心无线电台于1928年8月正式开通，它在武昌、沙市、宜昌设有分台。在汉口使用的电机有6部，雇佣职员36人。

湖北电报管理局在全省设立机构66处，主要业务往来线路6条，沟通上海、南京、北平、重庆、长沙、广州，另外还有24条分支线。由于政局变迁，某种程度上也受到来自无线电、航空邮件服务的竞争，管理局的业务不足十年初业务量1300000元的一半。

邮政——汉口长期以来是湖北邮政区划的枢纽。这方面的发展因土匪经常出没而受阻，快件线已经中断，雇员被绑架，官署遭抢劫，面对这样巨大的危险，职员仍然恪尽职守。在土匪最为猖獗的时候，1931年又遇上了罕见的大水，为了保证邮件的传递，仅汉口一地，邮局租用舢板100只，往来于各街道的邮局之间，邮政工作从未中断，但经济上遭到了巨大损失。

1922年，宜昌和重庆间的冬季轮船航行开通，大大加速了两地邮政急件的往来，上海、汉口和重庆航空邮政的开通给邮政现代化注入了新的活力。上午7点50分从汉口起飞的航班，上午10点10分便抵达了宜昌，同一天下午2点40分可以到达重庆。这较之前几年的民船来说进步是惊人的，按帆船的速度，仅从宜昌到重庆就需要四天之久。从汉口到重庆，一封信件（包括航空费）如果不超过20克，只需要19分钱。

为了提供邮政汇票和储蓄服务，1931年，汉口邮政汇业局开业。

由于铁路和公路稀少，联系内地的邮政主要靠脚夫来完成，正是他们不分昼夜在主要线路上奔忙，这十年里湖北脚夫快件线从19955里增加到24000里。

下表是邮政业务的发展情况：

表 5—8　汉口邮政业务发展情况一览表

业务	1920 年	1925 年	1930 年
机构			
邮局	134	146	126
邮寄代办所	384	557	599
信件邮站	442	752	737
邮政业务			
普通	21359800	27532500	34950000
挂号	1765800	1006800	1488100
快件	299000	308700	439000
保险	1101	2600	5400
邮寄包裹			
数量	289300	340700	160600
重量(公斤)	1870598	2228025	954984
价值(银元)	2953043 元	5906437 元	1545974 元
汇款			
收转(保险)银元	3513839 元	6091341 元	9698211 元
寄发(现金)银元	2658896 元	3994258 元	5400174 元

铁路——京汉铁路从北平到汉口，途经河南省，全长 755 英里。过去十年里，它的历史读来令人悲哀，这条铁路犹如军阀手中的玩物，内战期间他们可以毫无顾忌地炸毁桥梁，搬走铁轨，毁坏车辆。1926 年在对吴佩孚的征讨中，8 辆机车被毁；1927 年，长河、沙河、高村等处桥梁被夷为废墟，修理工作历时一年；1929 年，交通中断了好几个月；1930 年，黄河大桥在征讨冯玉祥的战争中被炸毁。

1922 年，这条线上新添机车头 30 台，旅客车厢 400 节。1931 年，政府动用庚子赔款基金购买了 40 节货车车厢。由于铁路、电报线经常中断，汉口、郑州、北平分别建立了无线电台。

粤汉铁路株洲至韶关段总长 270 英里，仍然有待完成。用于这项工程的 6500000 元是从海关关余和中英庚子赔款中拨付的。1928 年，株萍铁路与粤汉铁路并网，并成为该线的第四段。1928 年，萍乡至长沙间开行快车，颇受公众欢迎，原来轮船运输需要 48 小时，现在改乘火车只需 15 个小时。

1927 年，粤汉铁路新添机车头 2 台；1930 年，铁道部购买货车车厢 18 节，每节耗资 530 英镑。它们都是向比利时预订的，动用该国的庚子赔款支付。1931 年的大水使这条铁路损失达 300000 元，其中最为严重的是金家湾第五号铁桥被冲走。

9. 助航设施——这十年里汉口河段最高水位出现在 1931 年 8 月 18 日，这天晚上 9 点最高水位达到53.65英尺，直到第二天凌晨 4 时才逐渐消退。最低水位出现在 1929 年 3 月 28 日，低于零平线1.1英尺。

这十年里河道方面没有什么明显的变化，有迹象表明，在鸭蛋洲直水道处由于河水侵蚀，河道可能改走从前罗湖洲水道，1922—1923 年，这条水道由于泥沙淤积而关闭。鸭蛋洲直水道最浅的一天只有 9 英尺，1923 年 2 月的一天在沙洲水域也只有这一深度，这就大大地限制了轮船的吃水深度。枯水期曾有过一次较为有利的航行期，这就是 1926—1927 年冬季，这些水道的水深都没有低于 15 英尺，表 5－9 显示了 1923—1930 年汉口附近长江水位的平均涨落情况以及 1869 年、1870 年、1931 年灾荒年景大水的涨落，1924 年和 1926 年的最高水位分别为48.2英尺和 49 英尺。

1931 年夏，中国遭遇了有史以来最为惨烈的洪水灾害。湖北民政局的保守估计也令人触目惊心，这一点从前面的图表中可以发现。对中国这次洪水危害性的认识最为贴切的方法是把它与 1927 年密西西比河大水相比较，当时这条河洪水每秒的流量是 2000000 立方米，汉口大约是每秒 2800000 立方米，雨水最大的一天注入长江支流盆地的水量为每秒 1000000 立方米，在汉口附近一天雨量的总吨位是 33800000000 吨。大约 41000 平方英里的地区被洪水围困，武汉三镇和外国租界区积水深度

表 5—9　1922—1931 年汉口的降水量一览表

月份	1922 年			1923 年			1924 年			1925 年			1926 年			1927 年			1928 年			1929 年			1930 年			1931 年		
	英寸	钟点	分	英寸	钟点	分	英寸	钟点	分	英寸	钟点	分	英寸	钟点	分	英寸	钟点	分	英寸	钟点	分	英寸	钟点	分	英寸	钟点	分	英寸	钟点	分
一月	2.54	113	55	0.50	17	55	1.69	70	55	3.04	61	00	1.79	47	25	2.41	55	40	1.62	66	50	4.55	150	55	—	0	55	1.61	87	00
二月	3.39	65	25	1.74	76	05	2.06	78	25	0.84	61	58	2.01	59	30	1.86	65	05	0.96	25	10	1.14	56	10	1.55	19	45	4.51	123	30
三月	1.62	60	25	3.76	83	20	3.50	102	05	3.91	82	01	2.81	85	15	2.17	79	55	3.69	129	00	2.89	35	00	4.22	48	10	2.82	47	25
四月	4.98	75	30	5.90	109	00	3.71	50	10	1.48	51	55	3.28	44	15	5.62	8555		6.00	86	00	1.90	44	50	8.14	124	45	6.94	89	00
五月	5.52	127	30	10.61	79	00	7.91	144	20	13.89	93	35	4.92	59	50	1.87	60	30	4.68	42	25	4.40	82	55	5.41	51	25	8.48	144	10
六月	9.03	89	40	6.79	91	20	4.13	71	25	1.56	25	10	4.52	60	35	7.80	88	10	12.13	54	50	7.01	50	35	8.58	86	25	4.81	33	25
七月	2.88	19	00	8.06	64	46	11.57	79	00	2.52	9	45	12.40	85	45	12.58	85	15	2.89	20	05	4.95	35	50	0.14	1	15	22.18	175	11
八月	0.81	10	30	2.25	33	50	0.80	9	40	3.60	25	05	1.50	44	30	7.04	30	40	1.39	18	30	9.19	63	05	10.44	76	45	1.10	14	55
九月	0.41	12	10	0.74	54	20	0.39	27	35	2.60	25	05	4.77	50	10	6.35	63	15	3.56	15	05	5.07	77	40	2.69	72	40	2.50	57	40
十月	1.76	52	35	0.53	15	10	1.12	56	50	1.49	12	50	2.12	30	00	2.03	33	30	0.65	26	25	3.05	47	05	3.09	45	25	0.05	9	00
十一月	0.23	15	00	1.68	54	50	1.32	48	36	3.65	92	00	1.83	40	50	0.28	7	40	5.55	60	25	0.43	16	40	1.67	52	50	0.84	23	30
十二月	0.10	12	25	0.87	57	15	0.32	16	10	1.27	38	35	1.52	74	00	0.65	51	30	1.90	90	20	2.40	148	25	1.29*	41	15	1.58	57	00
总计	33.27	654	05	43.43	736	51	38.52	755	11	39.85	578	59	43.47	682	05	50.66	707	05	45.02	635	05	46.98	809	10	47.22	621	35	57.42	861	46

注：* 包含降雪量。

为4～9英尺，周边地区没水深度竟达到30英尺。这次洪水泛滥的基本原因是长江流域罕见的大雨以及西藏山脉积雪融化。这一点可从以下两方面得到证实：8月5日重庆水位上升到30英尺，18日和19日高水位下移到汉口，最高时超过1870年最高水位（50.5英尺）3.15英尺。广阔的河岸地带一向被当作安全阀，而现在当洪水越过堤岸时，这里已经积满了雨水，不可能再容纳长江四泄的洪水。在汉口下游的多山地带，如汉口下游100英里处掀栅嘴及九江下游小弧山处，两岸山峦夹江对峙，芜湖到南京间也是崇山峻岭，阻滞着大水的下泄，洪水所至，堤防溃决，迅速成为泽国，形成了一个长900里、宽40里的巨大内陆湖泊。只要看看表5—10、5—11就可以知道这次洪水不仅在受害面上异常广泛，而且持续时间相当长。在整个大水期间，助航设施没有发生一例故障，这一成就给中国护灯人员增光不少，无论环境多么险恶，他们仍然坚守岗位，为了抢救灯笼和煤油而不顾自己的房屋被洪水冲走，这样的事迹屡见不鲜。

在这十年里汉口地区的助航设备从31处增加到39处，十年里新安装并投入使用的有1922年兴建的鲤鱼山灯塔；1923年兴建的新洲灯塔、戴家洲捷水道灯塔；1924年兴建的戴家洲直水道灯塔；1925年兴建的白浒山灯塔；1927年兴建的鸭蛋洲灯塔、泥矶灯塔；1930年兴建的汉口灯塔、湖广水道灯塔、戴家洲园港灯塔。

1922年春天，巡江事务处从九江迁到汉口，统揽长江中下游的行政和技术事务。长江这两部分置于一家的集中领导下，使整个管理大为改观。这十年里为了巡查和照明需要还修造了3艘新式汽艇，从而使长江中下游的汽艇总数达到了8艘。1929—1930年，由上海承造钢制灯船6艘，耗资规银48000两，这些船只构成了9年淘汰木船计划中的一个组成部分。1931年，汉口又获得钢船8艘。

河道的巡查常常因强盗的骚扰而受阻，这些人动不动就焚烧汽艇，拔掉浮标和灯标。受害最严重的是城陵矶，以至于海关当局考虑将城陵矶（岳州）巡江事务局移驻宜昌。

鉴于许多货船总是超载，从 1928 年开始，巡江事务处在枯水期实行船只吃水深度限制，芜湖、九江、汉口的巡江事务处每天公布当日的吃水深度，让船只能在关键性水道航行无搁浅之虞。这种制度大大减少了船只堵塞水道的可能性，成效极为显著。

表 5—10 1931 年汉口大水示意表

水位尺数	起	止	持续时间	注释
上升到 40 英尺 到回落到 40 英尺	7 月 7 日	10 月 23 日	108 天	第一、第三特别行政区和日本租界洪水泛滥。 法租界洪水泛滥。 新华界海关大楼洪水泛滥。
上升到 45 英尺 到回落到 45 英尺	7 月 14 日	10 月 5 日	84 天	
上升到 46 英尺 到回落到 46 英尺	7 月 16 日	9 月 30 日	77 天	
上升到 47 英尺 到回落到 47 英尺	7 月 22 日	9 月 26 日	67 天	
上升到 48 英尺 到回落到 48 英尺	7 月 24 日	9 月 22 日	61 天	
上升到 49 英尺 到回落到 49 英尺	7 月 26 日	9 月 19 日	56 天	
上升到 50 英尺 到回落到 50 英尺	8 月 3 日	9 月 16 日	45 天	
上升到 51 英尺 到回落到 51 英尺	8 月 13 日	9 月 11 日	30 天	
上升到 52 英尺 到回落到 52 英尺	8 月 14 日	9 月 1 日	19 天	
上升到 53 英尺 到回落到 53 英尺	8 月 17 日	8 月 25 日	8 天	
最高纪录 53.65 英尺	晚上 9 点	凌晨 4 点		

表 5—11 1931 年湖北受灾地区和灾民人数统计表

程度	县数	受灾面积	灾民
第一	十四县一市：武昌、汉阳、云梦、孝感、沔阳、监利、汉口、潜江、汉川、石首、天门、江陵、鄂城、广济、黄梅	91524 平方里	5895854
第二	十三县：应城、蕲水、黄冈、阳新、蕲春、大冶、嘉鱼、黄陂、咸宁、松滋、枝江、麻城、京山	45478 平方里	2526898
第三	五县：安陆、公安、钟祥、蒲圻、荆门	16773 平方里	556247
第四	十四县：随县、郧县、当阳、宜都、崇阳、罗田、长阳、谷城、南漳、襄阳、均县、通城、五峰、宜昌	31238 平方里	584358
总计	四十六县一市	185013 平方里	9563357

10. 行政——在行政这个标题下将要论述的有省、市行政，外国租界的收回，最后我们对厘金和其他税收作一些说明，以阐明省市两级行政经费获取的途径。

行政：(a) 省——上一份十年报告里所描述的行政体制一直延续到了 1926 年国民党占领武汉。督军控制军务，他的同僚——省长主持政务。省长下设四厅，即行政、财政、教育、工业。1923 年，督军更名为督办。同年 12 月，两湖地区为吴佩孚将军盘踞，湖北督办同时也是两湖巡阅使。1926 年，督办又改名为督理。

1926 年秋，国民党军队进占武汉，湖北行政体制急剧变化，督理和省长成为过往的旧话。为了维持三镇秩序，政府任命了一名武汉卫戍司令。这一职务一直存在到今天，尽管它的名目常有变化。国民政府已从广州迁到武汉，政府部门北迁的有四部：外交部、财政部、司法部和工业部。武汉国民政府存在不久，宁汉分裂，目前的省政府形式就是从那时候开始的。它由 1 名主席、8 名委员组成，全省所有政务由委员会讨论施行。省政府下设四厅，即行政、财政、教育、重建，省府位于武昌。

上份十年报告里提到的地区行政（道）到 1926 年下半年国民党控制湖北就终止了。此后基本的行政单位是县，湖北共有县级单位 69 个，知县由省民政厅直接任命。

其他行政机构的情况差不多，1926 年湖北省议会还在议事，国民党占领武汉后它便寿终正寝了。实际上议会从来就没有独立行使过权力。

（b）市政——汉口市政府这种形式在湖北是唯一的一个。自 1926 年 10 月国民政府组建这个机构以来，从名称到组织上历经了诸多变化。起初它被称为汉口市政府，首任市长是刘文岛。市政府下设财政局、实业局、公安局、教育局、卫生局、统计局，局长同时是以刘文岛为主席的市政委员会成员。汉口市政府受湖北政治委员会的直接领导。同年 12 月，武昌市政府组成，但只是昙花一现，1927 年 4 月被合并到汉口市政府里，合称武汉市政府，管理武汉三镇的市政委员会由 11 人组成。12 月，武汉市政府改组，称为武汉市政规划委员会。它的权力非常有限，只有事务局和规划局、公安局。1928 年 5 月，代之以武汉市政计划委员会，这个委员会由 6 人组成，只设 3 个局。几个月后，这个委员会又改组成武汉市政委员会，委员会成员 9 人，下面分设公安局、社会事务局、财政局、实业局、卫生局、土地登记和测量委员会。1929 年 2 月，这个委员会更名为武汉市政府，重新任命了一名市长。5 月，汉口改为南京中央政府的直辖市，武汉市政府改组为武汉特别市政府，直属中央行政院，主要职责是管理武昌、汉阳和汉口；但由于受到省政府的反对，它的权力仅限于汉口，它的名称也就改为汉口特别市政府。在此之下设立公安局、社会事务局、财政局、实业局、卫生局、教育局、土地登记局与公共事业局，后两个局于 1930 年元月被废，合并到财政局和卫生局。1931 年 7 月，由于省政府的交涉，汉口特别市政府改成由它领导的一般市政府，下设 3 个局。

外国租界的收回——汉口比利时租界的存在可谓名不正言不顺，比利时人提出租界要求便遭到中国当局的拒绝，1908 年张之洞总督赎回了这片土地。1917 年 3 月中国对德宣战后，德租界被收回，并组建起第一特别行政区。1920 年 11 月，鉴于俄国革命后出现的特殊情况，地方当局临时负责俄租界的管理，此后这一地区称为第二特别行政区。1924 年 5 月 30 日，《中苏协定》在北京签署，7 月 1 日中国正式收回租界。1925

年 3 月 1 日，湖北省政府颁布《特区管理章程》。1929 年 1 月，《特区管理章程》废止，所有特区行政事宜改隶汉口市政府领导。

紧接着回归中国的是英租界。1927 年的“一·三”事件值得人们永久回忆，它点燃了收回租界运动的导火线。关于它的详情，本报告不打算详加记述，有把握地说，中国当局收回从前属于自己土地的要求是这一事件的直接结果。1927 年 2 月 19 日，中英两国在汉口签署的《陈（友仁）—奥马利协议》，正式承认了这一要求。以这项协议为基础，从前的英租界组成第三特别行政区，设立市政局长 1 名，下设由 3 名中国人和 3 名英国人组成的委员会。局长由国府外交部委派，同时履行董事长的职权，如遇两数相等时，即取决于董事长。与第一、二特别行政区不同的是，第三特别行政区直接对南京外交部负责，前两个地区由湖北省政府管理。

租界区现在就仅存法、日两国租界了。

厘金和其他税收——（a）省区税收：令人厌恶的厘金和附加税是湖北省收入的大头，每月大约 1500000 元。其中杂货税每年约为 10000000 元，竹木税 200000 元，蔗糖 400000 元。附加税则按各项正税征 30%。铁路货物税也值得一提，平汉铁路从价抽税2.5%，粤汉铁路抽税1.5%。（持有各海关发给的子口单及三联单者，每节车仅收银币 2 元，不受此项规定约束）1928 年收入不足 500000 元，如果是正常年景，收成会更好些。

根据南京中央政府的训令，厘金和其他类似的税收从 1931 年元月 1 日开始予以取缔，同时推行新的海关进口税（1931 年）。为了弥补省财政的损失，开辟了商业税，不同产品根据其销售总量的差别分别课以千分之一点五到千分之二十，这一规定从厘金废止之日起生效。汉口的这项税收，据保守的估计每月也有 600000 元。这项税收遭到了商人们的强烈反对，在他们看来，商业税与厘金比较是有过之而无不及。可以说它既不受人们的欢迎，也谈不上成功。省财政由于废除了厘金，损失惨重，克服这些困难的方案正在考虑之中。

堤防税也是一项重要税收，它始征于 1927 年 5 月，税率为关税量的 1%或者从海关税中提取 20%。1930 年，汉口抽得堤防税达关平银 579286 两，1931 年为 4971171 两。

（b）国家税收：除湖北省对商品课征税收外，中央政府还在湖北征收六种税，其名目为统税，烟草和酒税，卷烟税，邮政税，2.5%的内地税，煤油、酒精和石油特别税。

统税从 1931 年元月 1 日开始征收，征收对象包括棉纱、棉纱制品、火柴、水泥、卷烟、面粉、麦麸。估计每年收入为银币 3238800 元，1931 年 2 月到 12 月的实际收入为 3547459 元。

烟草税和酒税起征于清代末年，最初它是省里的一项税收，后来收归中央，烟叶税为 17%，外国酒和本国酒抽税 30%。1928 年，这项税收的实际收入达到银币 500000 元。

卷烟税要追溯到 1911 年，这一年烟酒专卖局在北平成立，各省的卷烟税遂开始征收。1928 年 12 月，南京财政部确定税率为32.5%。从 1931 年 2 月 1 日起，这项税收合并到统税里，由统税署征收。这项税收最好的年景每月可达 400000 元。

邮政税起初也是一种省税，1928 年收归中央，税率是海关税的一半。据估计每年的税收为银币 360000 元，实际上最高的一个月也没有突破 15000 元。这项税收于 1931 年元月 1 日终止。

2.5%的附加税源于华盛顿会议，1927 年元月 1 日起开始在湖北省征收，并在汉口、宜昌、新堤、沙市设内地税局，后两个局后来划归海关税务监督管理。2.5%的税率针对的是一般商品，奢侈品要提高到 5%。1928 年总的收入情况是：汉口为银币 4402444 元，宜昌 398229 元，新堤 138625 元，沙市 270467 元，总数为 5209764 元。1929 年 2 月 1 日，这项税收被废止，同时修改后的《海关进口税则》（1929 年）开始实施。

在湖北，煤油、石油和酒精的特别税始于 1927 年 4 月 8 日，1929 年 4 月 1 日取消，并入修改后的海关进口税则里，税率为每 10 美加仑征银 1 元。1928 年征收税银 2477072 元。

11. 司法和警察——连绵不绝的内战贻误了改善司法管理的时机，人们发现除了人员略有增加、衙门名目有所更动外没有任何实质性的变化。

湖北省高等审判庭现在更名为湖北高等法庭，在武昌、汉口、黄冈、沙市、宜昌、襄阳分设了六个地区法庭。设院长 1 人、推事 4 人、候补推事 12 人、书记官 1 人、书记 18 人。此外，该院还设首席检察官 1 人、检察官 6 人、书记官 9 人。

军事法庭一直受理军事案件。

湖北省政府的民政局负责全省的治安。武昌和汉口是省政府下属的独立单位。这十年里汉口的警力增长了 2 倍，大约 2800 人。道路的改观和交通工具的大量增加要求进一步加强交通警察队伍，他们现在有400～500 人，政府正在尝试用现代交通管理方法训练他们。

从前英租界很小的一支警察部队现在仍然是一个独立的实体，由该区董事会具体负责，这个委员会的成员由外交部委任。

水上警察现有警力大约 2000 人，配置民船 7 艘，由湖北省民政厅管辖。

这十年里监狱体制没有什么值得评论的变化。

12. 陆海军变迁——1922—1926 年督军统治时期：在这期间，湖北完全处于吴佩孚将军的控制之下。屯居湖北的陆军共有五到六个师、五到十个混成旅。另外还有一些战船，所有这些兵力由吴将军支配。二十五师师长萧耀南是湖北省的督军。

1926—1927 年武汉国民政府时期：萧耀南死于 1926 年 2 月，它的继任者是陈嘉谟。6 月①，国民党挥师北伐，向长江流域推进，紧接着占领武汉，建都汉口。唐生智将军控制了两湖地区的军务，李品仙出任卫戍司令。

1927—1929 年武汉政治分会时期：1927 年 11 月，宁汉战争爆发，

---

① 应为 7 月。译者注。

武汉政府迅速崩溃。在这场战争中海军倒向了南京方面。武汉三镇的防务由胡宗铎所辖的第十九军和在湖北的其他桂系军队共同接管。武汉政治分会主席、第四集团军总司令李宗仁坐镇武汉。

1929—1931 年湖北省政府时期：1929 年初，南京中央政府与武汉政治分会的矛盾不断激化，这场纠葛以湖南省政府主席鲁涤平武力驱散武汉政治分会而告结束。桂系势力退出湖北，海军在这场争端中再次与南京中央政府站在一边。何成濬被任命为湖北省政府主席，尔后他又负责陆、海、空三军汉口司令部。这个司令部于 20 世纪 30 年代末关闭，此后改组成湖北绥靖局。武汉三镇的卫戍首先由鲁涤平负责，更名为武汉警备司令部，后由夏斗寅接管。

1930 年，武汉城防司令部成立，殷汝耕出任司令，现在是钱大钧。后者同时兼任中央陆军军官学校武汉分校校长。

13. 卫生——到这十年底，武汉三镇的医院共有 32 家，其中外国人经营的有 6 家。1922 年以来建立的医院有同仁医院，有病床 63 张；循道会和伦敦会创办的协和医院，有病床 150 张；天主教经营的梅神父医院，有病床 30 张。原来建于吉星里的汉口市医院于 1929 年将其总部迁到慈善会。美国医院和天主堂医院仍在营业，只是因资金短缺而举步维艰。

中外医生的注册制度创设于 1929 年，统计表明，在武汉合格的西医有 161 人，中医有 1000 人。妇女已开始接受接生培训，目前本埠合格的接生员有 33 人。这十年结束时，牙科医生增加到 75 人。

预防天花的免费疫苗接种在汉口已实行好几年了，从 1929 年开始，这种制度推广到霍乱、伤寒。在遭受洪水灾害的 1931 年，差不多有 111000 人接受了疫苗接种，85000 人在全国救灾委员会的支持下接受了免费疫苗接种，许多医院承担了这项任务。

令人欣慰的是 1922 年以后再也没有什么疾病大面积流行了。由于制度尚不健全，天花、痢疾、疟疾时有发生，但很容易得到控制。正如前面所说，1931 年夏，全国救灾委员会为了防止疾病蔓延，采取了各项可能的措施。运载乘客的船必须通过免疫检查，接受疫苗接种的乘客约12460人。

1926年10月，以李伯坚博士为首的汉口卫生局成立。遗憾的是，由于缺乏资金和政局动荡，两年后该局才开展工作。卫生局负责的工作有环卫、食品监督、检查下水道设施并着手建立了一座屠宰场。1926年在第三特别行政区安装了一条现代化的下水道管，效果不错，这项工程不久可能会拓展。新建马路如民生路、三民路都安装了下水道管。在日租界备有现代卫生设施和自来水的住宅由1912年的10座增加到1931年的207座。

汉口马路的拓宽工作进展不小，新建或拓宽的马路8条，总长度5600米，耗资451000元。

汉口水厂经过改造，规模有所扩大，现在日供水量为2100000加仑。即便是这个数字也不能满足夏季人们用水的需求，迫切需要另建一个滤水池。据汉口实验室报告，水的净化还是令人满意的。

汉口的全民检疫服务开始于1931年大水期间。伍连德（Wu Lien Teh）博士（检疫所主任）在海关设立了汉口临时检疫办事处，到我写作本报告时，这个机构还在那里办公。

14. 教育——这十年一个显著的特点是旧式私塾逐渐为依西式原则兴办的公学取代。1925年前，开办私塾对校长选择什么建筑是没有任何限制的，学校讲授的课程依旧是中国文献与经典。由于大量资金支出用于军事，公立学校普遍面临着经费短缺问题，发展受到严重束缚，有时连教师的工资也开不出。1926年，绝大多数私塾改成了北伐军的军营，军人控制下的圣约瑟中学被焚毁。1927年初，地方政府公布了新的条例，对教师的资格作了规定；学生们要求组建联合会的努力因他们所提条件太高而被拒绝。当局决定将《国民党党纲》列入所有大学和中学的课程，每周举行一次总理纪念会。1929年，黄长谷被任命为教育局长，按规定，教俗学校一律到政府注册，并遵守局长颁布的各项条例。

在武汉的官办学校中，国立武汉大学是中国的四所国立大学之一，

1928年在教育部的监督下在武昌东厂口建成。那时只有三个学院——文学院、理学院、工学院——一所预备学校也并入该校。1929年，武汉大学改组，新增法学院，预备科废止。新校址选在东湖南岸的珞珈山。1929年3月，大学的建设工作正式开始，迄今为止，新校舍还未竣工。在武汉大学，就其建筑、组织、设备而言，是其他大学无法匹敌的。其图书馆收藏中文图书53000册、外文图书20000册，馆内还藏有294种中外文期刊。实验室设备价值约200000元。学校还附设了一个新式印刷厂，本校师生撰写的有关科技、法律、数学等方面的专著都在这里印刷出版。学校师资力量雄厚，不少教师是当今中国的知名学者。下面的表格反映了近三年武汉大学教师和学生的情况：

表5—12　1929—1931年武汉大学师生情况一览表

年份	师生情况		
	教师(人)	男学生(人)	女学生(人)
1929	84	249	17
1930	148	495	24
1931	172	504	23

至于小学和中学教育，1930年在公立学校注册的有15263人，在私塾就学的有3422人。遗憾的是1931年的数字未能得到。汉口的江汉中学由日本一家私人企业创办，主要培养中国学生。每隔一段时间，日本政府捐赠一小笔款项给该校，但对校务不予过问。高年级和低年级每年收费为20元和12元。

教会大学——在教会大学中，武昌的华中大学创办于1924年，是美国圣公会创办的文化大学、英国循道会创办的博文书院大学部、伦敦会创办的博学书院大学部的组合体。由于政局的影响，这所大学于1927年停办。1928年复校，新近并入该校的有湖南的长沙雅礼大学、岳州湖滨大学。这5所学校现在正把资源和人员集中在武昌华中大学的高等教育上。该校下设三个学院——理学院、文学院、教育学院。到这十年终了，学校有教授和讲师 33 名，学员 67 人，其中女生 14 名。与这所大学毗邻的是韦棣华女士创办的文华图书馆。馆内收藏有大量的中外文图书与期刊，其中英文图书 23000 册、中文图书 12000 册。到这个图书馆的不仅有文华中学、华中大学的学生，而且一般公众也可前往借阅。文华图书馆在武昌还设有两个分馆，它们向所有公众开放，经常到这里的有士兵、学生、警察、店员。为了扩大对公众的服务，图书馆建立了流动图书馆制度，它们的书籍遍及芜湖、九江、南昌、长沙、沙市、宜昌、开封。这种图书馆只有百余本书，书籍放在特制的盒子里。

另一项重要的工作是韦棣华女士开办的文华图书专科学校。她办校的宗旨是为中国培养图书馆方面的专门人才。建校以来，它的毕业生已遍布中国各图书馆。在中国，图书馆学校还仅此一家。尽管它的校史只有十年，但其影响是至为深远的。学校的经费一部分来自社会对图书馆学的资助，另一部分来自中国教育和文化发展基金的捐赠款。韦棣华女士逝世后，留美学生、图书馆学方面的专家沈祖荣继任校长。现在这所学校有教师 13 人，学生 17 人，其中 6 名是女生。

下面是目前在武汉各类教会小学、中学注册的中国学生的人数：

表 5—13　1930—1931 年在武汉各类教会小学、中学注册的中国学生人数统计表

教会	1930 年	1931 年
美圣公会	3987	3597
罗马天主教会	5369	5249
伦敦会	560	470
循道会	917	999

1926 年前，教会学校完全由外国人管理，并且不受中国当局的任何限制。自国民政府建立以来，对这种制度进行了彻底改组，教会学校必须遵守政府为公立学校拟定的章程。根据政府的指示，教会学校还进行

了注册登记，并成立了完全不受外国人控制的华人校董会。宗教教育予以禁止。这一做法在宗教阶层引起了强烈不满，他们认为，欧洲和北美捐赠的经费不仅仅是为了发展大众教育，更主要的是用于宗教教育。实际上发展一定的宗教教育而不引起官方的敌视也是可能的，关键是学生不要与他们的初衷相背离。

在汉口，有两所招收外国侨民小孩的小学，即英租界的汉口私立学校和日租界的明治小学。它们都有十多年的历史，由于外侨人数逐渐减少，这两所学校的规模没有扩大。这十年里，这两所学校的教师平均为6人和10人，学生人数分别为50人和348人。

自国民政府建立以来，女性从业人数大量增加，目前许多机构如银行、公司开始雇佣年轻女子当秘书、打字员、书记员、会计。在小学和大学，允许男女合校，在中学则予以禁止。据说女子在共同生活的氛围里水平提高幅度更大。

共产党利用1926年国民革命军攻占武昌后的混乱局面，进入这个大都市，向市民灌输布尔什维克主义和共产主义，但他们把注意力主要集中在大学和中学生身上。现在，学生们组成了名目繁多的协会，藐视教师的权威，经常游行示威，其口号有反政府的，但更多的是反对洋人和帝国主义在中国的暴行。许多学生被这些教育冲昏了头脑，参与在群众中宣传布尔什维克主义。

这十年底的教育——1930年到1931年，教育工作在各个方面都有了长足的发展。群众教育、农村教育、博物馆、图书馆和其他设施开始起步，白话文的小学教材俯拾即是，这些课本特别强调一般知识。遗憾的是1931年，洪水冲毁了人们投资教育的良好愿望，使得很多计划难于兑现。

15. 出版——从上份十年报告出版到1927年国民党进入汉口并建立国民政府的这段时间里，出版业进展缓慢。就在1927年，在一些专业宣传家们的指导和组织之下，几乎一夜之间就冒出了大量的宣传刊物，如报纸、期刊、小册子和传单等。其中许多是具有煽动性的，有的则是打着国民革命的幌子传播共产主义。虽说它们后来被南京政府查封，但其影响至今仍能感受到。

1927 年创刊的大多数报纸到目前仅存两份，它们是《武汉日报》和《中山日报》。前者由《大汉报》改组而来，现在直属国民党中央宣传部。《中山日报》的前身是《正义报》，现在是省政府的喉舌。其他的地方性报纸属私人所有，其中资格最老的要数《新闻报》和《中西日报》，这两份报纸都创刊于清代。仅次于它们的是《昆仑报》，这份报纸发行也有十多年了。《新民报》是一份较新的报纸，创办于 1926 年，它的发行量较大，在群众中较受欢迎。上述报纸构成了汉口的所谓六大日报。

1929 年，大量周刊和半周刊蜂拥而起，它们热衷的是诽谤，其管理方法颇具敲诈性。省政府对此采取了激烈措施并颁布了一系列严格的规章，取缔了这些小报，填补它们空缺的是只有正规报纸一半的小报，它们主要刊载那些适于小店主、茶馆顾客、旅店旅客阅读的地方新闻。

资历最深的外文报纸是《楚报》，它创刊于 1914 年，主要投合英国人对长江流域商业和贸易方面的兴趣。《汉口捷报》原来是一份美国人办的报纸，1930 年转卖给国民政府外交部，现在由中国人管理，但仍然保留了美国出版物的许多特点。还有一份日文报纸《汉口每日新闻》，主要流通于日侨。

近几年出版物增长迅速，省、市政府，国民党党部都出版了自己的期刊和小册子。它们主要刊载官方的成就、计划、统计资料以及命令，散发给各政府机构，不收取费用。由市政府出版的《中文公报》尤其值得一读，《汉口年鉴》第一版于 1931 年出版发行。

有较强学术价值和教育价值的出版物多数由武汉大学各学院出版，例如《自由文学季刊》《自然科学季刊》和《社会科学季刊》。

随着出版物大量增加，各类印刷机构应运而生，据估计，目前它们不会少于 100 家。湖北省印刷局印刷的有各级政府的出版物。在私营印刷公司中数武汉印制公司最大。

16. 人口——这十年里汉口人口增长迅猛，1931 年所得到的统计是

804262 人，上份十年报告所载人口为 289804 人；汉阳增加幅度不大，目前只有 495476 人；武昌则从 488617 人减少为 359808 人。湖北省的人口估计为 26740687 人，上一份报告里为 27167244 人。据 1931 年的记载，这十年里大约有 277000 人流入汉口，而上一个十年的移民只有 104000 人。毫无疑问，土匪活动和共产主义对农村的威胁是造成这一流动的原因。

由社会事务局所提供的统计资料表明，本埠工业企业雇佣的劳动力有 11478 人，其中女工 2833 人，1582 人是童工。

由武汉卫戍司令部提供的武汉三镇的外国人口是 3515 人，其中包括 2041 名日本人（包括 6 名朝鲜人），496 名英国人（包括 64 名印度人），258 名美国人，52 名法国人，207 名德国人，292 名俄国人，76 名意大利人。虽说这些数字不能当做精确的统计来对待，但它至少向人们展示了这十年外国人口的大致情况。

17. 内战——这十年里汉口周围地区与全中国一样深受内战之苦。汉口位于中国腹心，战略地区突出，因而成为长江中游地区军阀们争夺的焦点。

这十年的头五年，武汉周边没有发生什么战事，尽管华北战斗的余波时常可以感受到。第二次直奉战争失败后，吴佩孚退守武汉，开启了这一地区的战端。1924 年 10 月，吴佩孚将军带一小股随从从海路折回，隐居于停靠在岳州的战舰上，隔岸观火，伺机卷土重来。1925 年 12 月 21 日，他突然抵达汉口，并担任十四省联军的总司令。其势力不断北犯，并积极支持张作霖的驱冯运动，与此同时，他自己的腹部正面临着蒋介石将军统帅的国民党军队的威胁。1926 年 8 月，北伐军先后攻克了长沙和岳州，迫使吴佩孚从北方调兵遣将。汀泗桥、贺胜桥两地的战况异常激烈，国民党军队在战斗中表现得十分英勇，尤其是陈铭枢（Chen Ming Shu）和张发奎的两个师，吴将军亲自督阵也抵挡不住进攻。8 月 30 日，吴军退守汉口，武昌被围，城下战况空前。9 月 5 日，汉阳陷落。6 日，汉口克复。由于刘佐龙倒戈，吴佩孚被迫北撤，留下刘玉春将军携3万将士镇守武昌。刘玉春坚守城池直到10月11日，看到等待援兵无望，便弃城而降。

由于留守武汉的唐生智将军另树一帜，1927年10月，南京政府派遣讨逆军。李宗仁将军在海军的帮助下轻而易举地把唐军逐回了湖南，11月，桂系军队进入汉口。同样，李宗仁将军也显示出了自己很强的独立性，南京中央政府与桂系矛盾公开化。1929年3月，李宗仁被南京提名的湖南省政府主席鲁涤平驱逐。1929年4月5日，蒋介石将军兵不血刃进抵汉口。

此后接连发生了好几起反叛，它们是冯玉祥（1929年10月）、唐生智（1929年12月）、阎锡山和冯玉祥（1930年），激烈的战斗主要在汉水流域和京汉铁路沿线展开。汉口成功地抵御了这些叛乱，一直效忠南京政府。到这十年结束时，局势较为平静，军事对垒的局面有所缓解。

走私、强盗和共产主义兴起——湖北长期以来作为强盗猖獗之地而声名狼藉，汉水流域尤为臭名远扬。汉口近郊之外，抢劫、绑架没有哪一天间断过。令人遗憾的是到这十年底，情况进一步恶化。犯罪事件上升主要归结于连绵不绝的战乱和1926年国民党军队带进“红色”因素。由邝继勋领导的40000人不断骚扰湖北东北部；以洪湖为根据地的段德昌活跃于沔阳、新堤、监利、天门等地；贺龙一部于1931年初进入湖北，现在已完全控制了汉水上游老河口一带。

1930年7月，共产党军队的活动达到了顶点，当时长沙和岳阳已陷落到彭德怀手中，由于何应钦将军早有防范，武汉才避免了“红色”的威胁。

至于多少人死于战乱，多少房屋、农田毁于战火，目前尚难作出统计。可以肯定地说，每一个项目都将是数以万计，目前情况尚且如此，因此要指望在短期内建立和平与繁荣是不可能的。

海关税务司：黎霭萌

于汉口

1931年12月31日

江汉关源流

一、开　埠

鸦片战争前，汉口是一个转口码头和消费城市，以其地理条件优越，商贾辐辏，蔚为重镇，与佛山、景德、朱仙等号称“四大名镇”。水陆交通四通八达，市场广阔，邻近各省物产多聚散于此，是历史上中原农副土特产品的重要集散地，米、盐、茶、竹木、棉花等为贸易大宗。早在清康熙四年（1665 年），清政府就在武昌省城汉阳门外白鳝庙下滨江设有武昌厂关，称为“常关”，亦称“钞关”。它是在水陆交通要道或商品集散地设立的征收国内商货通过税的税务机关。当时的武昌厂关只征收船料船钞，即现在的吨税，不收货税。咸丰七年（1857 年）正月初一日，湖广总督官文决定分设游湖关（在今谌家矶）、宗关（在汉口襄河口内上茶庵）、朝关（汉阳沌口）、红关（江夏坛角下红社坛）、白关（江夏石嘴）、汉关（汉口下茶庵）等，皆常年设立，征收船料税银、稽查船只。另有土垱关（汉口后湖土垱）、蔡甸巡卡（蔡甸金牛港）、滠口分卡（黄陂滠口老虎嘴）、硚口分卡（汉口玉带门外），每年夏秋设立，稽查偷漏，水退即行裁撤。

1840 年鸦片战争后，海禁初开，西方资本主义国家凭借不平等条约规定的特权，侵入中国市场。不过他们发现《南京条约》规定的五口通商，仅仅是把对华贸易的中心由广州转到了上海，还不能达到他们要全面占领中国市场的目的，他们要求中国进一步开放全境，开辟更多的通商口岸，允许外国船舰在中国内河航行，废除进口货物的内地税等。《南京条约》签订后的十余年里，英政府两次提出修改与中国订立的条约，在美、法两国的支持下，于1856年10月伙同法国又借故发动了第二次鸦片战争。1858年6月，清政府分别与英、法、俄、美四国签订了《天津条约》。11月，清政府在上海与英、美、法三国分别签订《通商章程善后条约：海关税则》。1860年10月11日，清政府又分别与英、法、俄签订了《续增条约》，即《北京条约》。1858年的《中英天津条约》及附约《通商章程善后条约》签订后，迫使清政府增辟通商口岸，开放黄金水道长江，使外商获得了长江通商及外国船只在长江中下游航行的特权，汉口就成为列强首选的内地口岸之一。汉口开埠成为湖北经济历史变化的重要里程碑、阶段性的转折点。此后的半个世纪，汉口发展成了仅次于上海，而与广州、天津并肩的开放贸易口岸。

二、通　商

1861年汉口被辟为通商口岸后，列强设领事、辟租界、盖工厂、办洋行、开银行。同年4月27日，上海英国领事署不待清政府同意，单方面公布《长江各口通商暂订章程》，宣布“汉口、九江辟为商埠，设置领事”。不久，英国领事金执尔带商船来汉，俄国商船也来汉兑换桐油等物。同年5月11日，美国大小兵船各一艘来汉“查办通商事务”。先后在汉建立领事馆的有英、美、俄、法、日、德、意、比、丹、荷、瑞典、墨等十多个国家。从此，外国商船和商人长驱直入到达华中。在汉通商的先后有英、法、俄、德、美、丹、荷、意、比、日、瑞士、秘、葡、刚果、巴西、西、奥等17个国家。大批外国商品涌入汉口市场，大量被掠夺的廉价原料加工包装出口，列强逐步控制了武汉经济命脉。曾经是内地封建城市的武汉，在经济、政治、文化、社会阶级结构上发生了大变动、大改组。据江汉关统计，从1861年5月至12月，进口总值达关平银5622240两，进口商品多为棉织品、呢绒、糖、鸦片等。出口总值达4117669两，出口商品多为茶叶、药材、桐油等。由上海运来汉口的进口货物全部在上海查验征税，货到汉后，多在各商行暗中以货易货，运载上船，不交进口货物清单，出口时也不申报出口数量，以致毫无稽查。有的中国商人串通雇用的外国流氓，利用悬挂外国旗帜的帆船在长江往来运货，逃避厘金和各项常关税的缴纳；有的运输禁运货物，如米粉、木材、钢铁、铜锌等货装载下货；有的深入内地采购茶叶等货，声称为英商雇伙，拒不完纳厘金；有的外商自赴各地采办，无从核查。沪汉之间迢迢千余里，随处皆可上下客货，任其自便，长江中原之利，尽归外商。

1861年，湖广总督官文曾拟出奏折，认为"……汉为九省通衢，行运甚广，百货丛集，其中茶叶、大黄、桐油等货，尤为大宗。该洋商等纷纷自赴各处采办，既不投验，无从稽其多寡，奸商倚托影射，甚至将停运之货接济贼匪（注：对太平军的诬称），违禁之物潜行夹带。自汉口至镇江途经千余里，其中处处皆可私售，汉口既未盘验，上海镇江无凭稽查，若经长江出口，则上海亦无从查知，不特税课竟归无着，抑且将来尾弊无穷"。

三、设　关

湖广总督官文对于汉口货运混乱的情形极为不满，多次上奏清政府要求设关收税。官文在奏折中声称："……应请于汉口设关，照海关章程，将内地各货出口正税及子口税，一并于汉口完纳；其进口洋货运至汉口，仅照单点验，方许售销，以符一税不再税之约。并禁止华洋行伙往山乡镇市自行采办，以符不逾三口之条。现饬汉阳府勘择地址，设立关卡……"经总理衙门大臣奕䜣和署理总税务司赫德研究同意设立。其批复是："……至汉口地方据该督奏称必须设关，自应准其建立，查验出进各货……汉口关仅征子税，又盘验货物等事，应即由汉黄德道管理，毋庸由京派往。其汉口建关一切事宜，即由该督督同汉黄德道妥议章程，实力办理……"

1861年12月27日，赫德函告狄妥玛（初为江汉关代理人），湖广总督官文已于12月18日签字，欣然愿意由狄办理江汉海关事务，并决定1862年元月1日设立江汉关，仅进行稽查，征子口税及盘验货物。与此同时，清政府委派湖北分巡汉黄德道（注：全称为汉阳黄州德安兵备道）郑兰（第一任江汉关监督）监督江汉关兼通商事宜。

江汉关设立后，进出口货物正税仍在上海征收，官文极力反对上海征收关税的独占权，他认为江汉关开关后所收子口半税不及厘金的一二成，影响军费开支，两次奏请清政府要在汉口收税。而赫德认为长江地方辽阔，江面尚未平靖，进出货物税款不在上海征收，恐稽查难周，易于偷漏，直到1863年1月1日才同意江汉关征收关税，正式委派狄妥玛为江汉关第一任税务司。是日上午9时，美国Pogang轮首航汉口装卸货物。从此，赫德使外籍税务司制度成为长期支配中国海关的半殖民地海关制度推广到了汉口。从1862年至1949年5月，先后担任或代理江汉关税务司的共323人次，中国人仅占9人。

江汉关最初设在湖北省夏口县汉口河街，即汉口镇英国租界花楼外滨江，距县治二里，其左右两侧为招商局及轮船公司（即现在的民生路口附近），此房屋连同附近的海关鸦片仓库于1866年购自旗昌洋行。1924年1月21日，江汉关迁入现址（旧英工部局、太古仓栈及招商局轮船公司拆毁重建）。江汉关监督最初设立于汉口镇青龙巷，由汉黄德道兼监督税务。江汉关定有关章，凡四款。凡大洋船、内江轮船只准在大江龟山头之北、甘露寺之南停泊，离西岸一里路之限内起卸货物。凡划艇等项船只，只准在汉镇内河南岸嘴停泊起下货物。江汉关下辖两关三卡：两关是汉阳南关（汉阳南岸嘴），稽查民船；石灰窑分关（1898年设立），监督定有专章之船起卸货物，包括承担水泥厂物料进口、水泥出口的轮船及装运大冶铁矿砂出口至日本的轮船等。三个分卡为北卡、子口卡及武穴总卡（1863年设立）。京汉铁路建成后于1903年又设刘家庙及大智门二个子口卡。建关之初有外籍人员15人，中国职工60人。

五、演　变

1876年9月，中英《烟台条约》规定长江之大通、安庆、湖口、武穴、陆溪口、沙市等六处准许轮船停泊码头，上下客货，江汉关税务司开始兼理稽查长江六处的事务。

1878年12月19日，江汉关税务司惠达（J. W. White）创办汉口邮政分局，这是近代武汉的第一家邮局。

民国时期，1930年7月14日，岳州分关职员大部分被裁撤，其工作由江汉关税务司领导。1934年1月11日，汉口盐务检查机构查禁非法私盐的权力移交海关执行，其检查人员也一并移交江汉关。1937年1月31日，长沙关闭关，人员并入江汉关，关务清理由江汉关接办。5月，华北走私日趋严重，汉口成立海关防止陆运走私总稽查处，由江汉关税务司安斯迩担任稽查处处长。10月，国民政府颁行《海关转口税整理办法》，江汉关扩增转口税，增设分支机构15处。1938年10月26日，日本侵略军铁蹄蹂躏武汉，江汉关关闭，不久被迫迁出大厦，租用英国汇丰银行大楼临时办公。1941年12月7日太平洋战争爆发，日本军事当局通令英美房产由日本军部接收，江汉关复迁到虞德街10号。

汪伪政权时期，1943年5月1日，伪江汉关转口税局正式成立。局长为日本人末次晋（S. Suetugn）。

1945年8月，日本宣布无条件投降，重庆海关总税务司电令华景灿（伪江汉关转口税局总务科科长）替代转口税局局长职务。伪转口税局局长末次晋于8月27日将文卷印信进行移交。9月26日，江汉关正式恢复对外业务。12月，国民党政府饬令江汉关接收武汉区敌伪仓库码头71个，接管物资拍卖价值达国币36亿元。与此同时，江汉关恢复管理长江中下游巡江事务。1946年，江汉关在上海路邮局及江汉路邮政局设立驻邮局支所，负责管理华中国际邮包递转，另在武昌设立驻民航机场支所。1947年1月31日，长沙关闭关，未了事务由江汉关办理。1949年3月，重庆关改为江汉关重庆分关。

六、解　放

1949年5月16日，武汉解放，为帝国主义控制80多年的江汉关回到了人民的怀抱，变为为人民服务的、独立自主的、有利国计民生的海关。刘少奇同志曾指出："新中国的海关政策与对外贸易政策已经成为保护新中国工业发展的重要工具。"这就是说，我国大门的钥匙已在我们自己的袋子里，而不是如过去一样在帝国主义的袋子里了。从今以后，中国工业就不致受到帝国主义廉价商品的竞争，中国的原料将首先供给自己工业的需要。这就扫除了百年来中国工业不能发展的一个最大障碍。

武汉解放后，武汉市军事管制委员会接管了江汉关，将其更名为武汉关，从此揭开了人民海关的新篇章。1949年10月25日，中央人民政府海关总署成立，武汉关直属海关总署领导，并由中原临时人民政府商业部华中对外贸易管理局代管。

新中国建立后，国家实行对贸易管制政策，武汉关认真贯彻执行党和国家的方针政策、法规、法令，充分发挥海关职能作用。随着社会主义革命和社会主义建设的发展，武汉关的工作大致可分三个时期：

一、国民经济恢复时期：武汉作为有进出口贸易历史传统的长江口岸，中南大行政区还在此先后成立了一些国营外贸专业公司，还有55家私营进出口商行继续经营。1950年元月，粤汉铁路全线恢复通车，当时进出口贸易的渠道主要通过铁路运输。出口有猪鬃、桐油、蛋品、黄豆、芝麻、肠衣、生漆等28种货物，进口货物多为工业器材及国内必需原材料。同年3月，武汉外贸开始办理结汇工作。

正当我国处在国民经济恢复时期，美国悍然发动侵朝战争，对我国实行经济封锁禁运，我国进行了针锋相对的一系列反封锁禁运的斗争。从1950年3月到年底，由粤汉铁路转运、由武汉关验放的进出口货物金额达842.78万美元。以后由于出口受美国冻结资金及清理货款，先进后出及易货等关系，出口贸易暂停。1951年实行中苏联运出口货物及易货贸易后，武汉外贸数字大幅度上升。这年4月，武汉对苏联易货贸易总值开始超过对资本主义国家易货总值，一直保持绝对优势，占武汉全部贸易的95%，对资贸易在年终仅占7%～8%。

1952年9月，成立武汉关长沙办事处，办理由长沙运经深圳直运九龙整车货物的监管。

这一时期，武汉关贯彻执行国家对外贸易管制政策，在执行货运监管、查缉走私、征收关税等任务，发展生产，活跃市场，组织公私营进出口商开辟货源，抢运国家急需物资进口，粉碎美国对我经济封锁禁运，大力鼓励出口，打击逃套外汇、偷税走私违法行为，积累国家建设资金等方面，发挥了积极作用。

二、第一个五年计划期间：1953年元月，武汉关与武汉对外贸易管理局正式合并（武汉关长沙办事处亦与武汉对外贸易管理局长沙分局合并），这时武汉关增加了对外贸易管理工作。在中南财委及中南贸易部的指导下，大力推广出口，争取必要的进口，具体执行对外贸易管理，编制进出口计划，审批进出口许可证，审批武汉地区对资本主义国家和地区的贸易，审查进出口商品价格，协调进出口商品搭配及私商管理等工作，并配合国内生产，满足人民需要，扩大内外交流，增长国营经济的力量，稳步实现对私营进出口商的社会主义改造，同时简化手续，加速货运，严密监管，建立查私调研基础等，积极为国民经济建设服务。

根据1953年全国海关关务会议和1954年4月全国对外贸易局局长会议的精神，1954年，武汉关的对外贸易管理工作移交有关单位办理。随着我国对外贸易形势的变化，湖北省成为向边境口岸供应出口货源或间接出口的省份，武汉口岸停止直接出口，海关机构已失去作用。1956年5月1日，武汉关奉令对外公告撤销，完成历史使命。

以上两个时期，从1950年到1951年，武汉地区批准对资本主义国家进出口贸易达13.969万美元，监管进出口货物89.46万吨，查获走私案件658件，案值人民币旧币582139.88万元。

三、改革开放时期：1978年党的十一届三中全会以来，武汉地区的对外贸易发生了显著的变化。1979年，湖北出口超过2亿美元。1980年3月，武汉关重新建立，1984年7月升格为局级关。各项业务已有较大发展。从1980年4月至1985年，监管进出口货物达99.81万吨，轮船515艘次，火车车皮7592辆。监管进口展览会10次，展品金额计1712.16万美元；监管出口商品展览会、展销会10次，展品金额达27140.6万美元。查获走私案件1122件，案值人民币2904.33万元。减免科教用品及技术改造税款计人民币12656万元，征收关税计人民币11246万元，代征各项税、费计人民币3823万元。此外还大力发展了“三来一补”，其中来料加工272项，补偿贸易39项，进料加工合同654项，中外合资企业35户，中外合作企业2户，共投资7902.52万美元。

七、展　望

纵观新中国成立前80多年，由于对外贸易的不断发展，1928年武汉地区的进出口贸易总值曾突破3亿关平两的顶峰，1937年关税收入达到法币2500多万元，当时江汉关的业务量居全国各关的第二、三位。其对外贸易的特点是转口贸易大于直接贸易和出口大于进口，与上海、天津、广州并驾齐驱而闻名于世，历史上曾为全国第二商埠，被外人誉为“东方芝加哥”。

新中国成立后，特别是党的十一届三中全会以来，1979年出口总值超过2亿美元；1981年到1982年，出口总值均达到3亿美元；1983年到1984年，出口总值突破4亿美元。1981到1982年，全省自营进口总值每年达2200万美元。

近年来，湖北、武汉出口总值大幅度增加，1992年，仅武汉市出口创汇已逾4.5亿美元。

江汉关经历百年沧桑，显示了它在政治、经济、科技、文化、历史、地理、发展战略等方面独具的特点、优势和地位。

最近，武汉市委领导提出20世纪90年代要努力把武汉建设成为四城雄踞、三区崛起、两通发达的我国中部地区经济中心、贸易中心、金融中心、交通中心和科技中心，进而逐步建设成为经济实力强、文明程度高、城乡一体化的开放型、多功能现代化的国际性城市，这一洋溢时代气息，充满务实精神的武汉发展蓝图，令人精神振奋。

江汉关，苍老而年轻的海关，经历了半殖民半封建地的凄风苦雨，到1949年5月16日迎来了解放的曙光，在今天新的历史条件下，面临着汹涌奔腾的改革开放浪潮，武汉海关将为湖北武汉的经济腾飞解放思想、转变观念、深化改革，以适应加快改革扩大开放和社会主义现代化建设的新形势。

甘胜禄

1993年

译 后 记

20个世纪90年代初，我刚从山东师范大学世界地区史国别史专业硕士研究生毕业，费尽周折到武汉市社会科学院历史所工作。时逢著名历史学家、近代城市史研究的知名学者皮明庥教授承担国家“七五”哲学社会科学重点研究项目“近代武汉城市史研究”。在史料征集过程中，他从上海社科院获得了《海关十年报告》（江汉关）的英文本。他把翻译整理这个报告的任务交给了课题组中年轻的我。接受如此之重的一个任务，让我这个刚出校园，原先研习世界史，对武汉地方史完全陌生的青年学子内心十分忐忑。在皮师的鼓励和鞭策下，我只能勉力前行，或蛰居12平方米陋室挥汗如雨，或骑着自行车跑武汉关和长江航道局请教老专家，暑去寒来，五个报告，十余万字，终告完成。我如释重负，那是一段艰辛和充实的时光。

离开研究领域20多年，再回过头来看海关史的研究，真可谓沧海桑田。检阅国内对旧海关档册的研究和译介，是随着20世纪80年代中期国家对城市史研究的重视而蔚为风气的。当时国家社科基金对城市史研究立项的有上海、天津、重庆和武汉四个城市。最早从城市史研究角度审视海关十年报告价值的是天津，1980年、1981年，他们先后在《天津历史资料》译介了海关十年报告。最早译介成书的是徐雪筠研究员的《上海近代社会经济发展概况（1882—1931）——〈海关十年报告〉译编》（上海社会科学院出版社，1985年）。陆续正式出版的有青岛档案馆编的《帝国主义与胶海关》（档案出版社，1986年），周勇、刘景修译编的《近代重庆经济与社会发展（1876—1949）》（四川大学出版社，1987年）。20世纪90年代，随着专业志编修工作的启动，尤其是海关志的编写，对海关旧档册的整理和翻译提上日程，一段时间形成了海关史料整理出版的一个小高潮。这方面的出版物有的是当地海关年度贸易报告和十年报告的合集，有的是海关十年报告单行本，如厦门市志编纂委员会、《厦门海关志》编委会编的《近代厦门社会经济概况》（鹭江出版社，1990年），陆允昌编的《苏州洋关史料（1896—1945）》（南京大学出版社，1991年），福州海关编的《近代福州及闽东地区社会经济概况》（华艺出版社，1992年），李策译的《近代武汉经济与社会——海关十年报告（江汉关）（1882—1931）》（香港天马图书有限公司，1993年），广州市地方志编纂委员会办公室、广州海关志编纂委员会编译的《近代广州口岸经济社会概况——粤海关报告汇集》（暨南大学出版社，1995年），杭州海关译编的《近代浙江通商口岸经济社会概况——浙海关、瓯海关、杭州关贸易报告集成》（浙江人民出版社，2002年），陈梅龙、景海波译编的《近代浙江对外贸易及社会变迁》（宁波出版社，2003年），吴弘明编译的《津海关贸易年报（1865—1946）》（天津社会科学院出版社，2006年），李祖基著的《近代台湾对外贸易研究》（厦门大学出版社，2013年）。此外还有作为近代史研究重要史料的《中国海关密档》，共9卷，20世纪90年代由中华书局推出，中国社科院近代史所陈霞飞主编。21世纪初开始，中国海关对自身档案的系统收集整理工作开始发力，刘辉主编的《五十年各埠海关报告》于2009年由中国海关出版社出版，共14卷，系统收集了1882—1931年中国近代所开各埠的海关十年报告、《1882—1891朝鲜各埠海关报告》、《1904年邮政报告》和《最近百年中国对外贸易史（中译本）》等。其中相对完整、全面的大型史料合集当数由中国海关总署办公厅与中国第二历史档案馆合作出版的《中国旧海关史料》（京华出版社，2001年），共170册，收录了1859—1948年中国各海关和海关总署造册处（1932年改称统计科）编辑出版的《进出口贸易报告》《贸易统计报告》《中国各条约口岸贸易统计报告》《根据条约向国外开放贸易各中国口岸贸易统计报告》《各口岸贸易统计报告》《各口岸贸易统计报告和调查报告》《通商各关华洋贸易全年清（总）册》《通商海关华洋贸易总册》《海关中外贸易统计年刊》《最近十年各埠海关报告》

等，还收录了伪满洲国财政部、经济部出版的《满洲国外国贸易统计年报》《满洲国外国贸易统计月报》。地域涵盖了黑龙江、吉林、辽宁、河北、天津、山东、江苏、上海、浙江、福建、广东、广西、西藏、云南、湖南、湖北、江西、安徽、台湾、海南、四川、重庆、甘肃、陕西等省60多个港埠，内容涉及贸易、汇兑、金融等，以进出口为经，以年度为纬，准确记载了清政府、北洋政府、南京国民政府、汪伪政权、伪满洲国时期各关进出货物数量、货值、税收等，为一部重要的研究中国近代经济社会史的史料总成。

中国旧海关出版物卷帙浩繁，种类众多，一般分为六大类，每集之下又分为若干系列，其中规模最为庞大的是统计系列。包括上海每日贸易册、海关公报、贸易统计、贸易报告、十年报告、国内贸易册等7个系统。旧海关号称国际官厅，总税务司一直为洋人把持，内部文书通用英文。目前收集整理工作多停留在保持原貌上，真正翻译出版的还少之又少。最受近代各埠重视的海关报告翻译出版渐多。海关报告包括了年度贸易报告和十年报告，应该说贸易报告是十年报告的基础。从1859年洋关正式设立开始，海关就开始出版年度贸易册。1859—1864年，各关以半年为单位编辑一册，内容亦不多，仅洋货进口、土货出口、航运、关税几项统计，各关在分类、货物单位、货物价值等方面也没有统一的规范，亦无全国性统计。1863年冬赫德接任总税务司后，大力整顿关务，贸易统计的格式逐渐形成，对外进出口、埠际贸易开始分别记载，对运销外洋和埠际间转运给予区分，分类趋于精细，统计格式趋于规范。作为比较早的出版物，贸易册逐步定型。

为进一步了解开放口岸与贸易相关的政治、社会生态，赫德同时开始布局贸易报告的编写。1865年总税务司赫德第3号令要求各地海关开始编写年度贸易报告，贸易报告内容要求写明本口贸易总体情况、贸易值、进出口、内地转口贸易、航运、税收以及所在地社会、政治、经济等方面的内容，这就大大延展了贸易报告的内涵，除重点关注贸易本身的进展外，还需研究所在口岸政治、社会、文化对贸易形成的即期及潜在影响。

1882 年之前，贸易册和贸易报告是两个独立存在的出版物，从 1882 年开始，两份报告合并出版，这就是我们常说的年度贸易报告。在两个出版物合刊的同时，赫德实际上在布局十年报告的编纂工作。贸易报告如何写作，赫德对此提出新的要求，内容重点放在与进出口贸易有关的事务方面，篇幅限制在 4 页以内。1890 年更是明确提出，1889 年各关年报依次写明本口贸易情形概况、税收、外洋贸易、沿海贸易、内地税则、船只、旅客、金银、药土、杂论十项。二者合并出版持续到了 1919 年，1920—1922 年各关年报附在各年第四季度季册。1923—1928 年以不同港口自为一集，篇幅十分有限，但仍可视为各关年度贸易册和贸易报告。

海关贸易报告是近代中国保存下来持续时间最长的一项经济统计资料，对于研究近代中国社会经济史的意义绝对不可轻视。就贸易而言，它涉及近 100 年来洋货和土货进出口、转口贸易数量变迁、区域兴衰、贸易环境改善、贸易结构升级；就金融、税收、货币而言，海关贸易统计和报告涉及国际国内消长更替、不同种类货品税率变动、近代关税发展历程，同时还展示了航运业的成长历程；就海关贸易报告而言，年报和十年报告在内容上形成互补，对海关所在区域贸易、生产、交通、社会状况、地方政治、文化教育以至影响贸易诸多潜在因素，都进行了大量调查和考察，这些实证和量化数据往往是中国人不太在意和为中国史籍所忽略的，极大丰富了我们对开埠口岸城市现代化的认识。就中国海关自身的演进而言，相比中国传统海关组织管理、征税制度、查缉办法、财务行政等一整套落后封建制度，洋关按照西方经济制度、贸易制度、海关制度进行科学定义和改造，客观上构成晚清洋务运动只重器物不重制度的一个另类。不仅海关内部出版文书比较科学和严谨，应该说中国近代科学意义上的数理统计和海关管理制度由洋关塑造并进而定型，显示出海关在中国近代社会变迁中的典型意义。

我们关照下的海关十年报告属于统计系列的第 6 系统，十年一期，从 1882 年开始，止于 1931 年，报告采用英文，共有五期（第五期有中文本）。每期两卷，第一卷为北方和长江沿岸各港，第二卷为南方港口。以文字为主，配以少量图表，有些章节还附有详尽的地图，用以说明海关区位、关键水道，并标示关区的山河、城市、村镇。在海关旧档册中，十年报告之所以获得超乎寻常的关注，除了内容远远超出海关内部文书边界之外，更重要的是它显示了自身与中国传统史籍明显不同的旨趣：

一是广度。如果说海关年报体现了总税务司赫德用西方海关管理制度改造中国海关所做出的努力，那么十年报告的推出展示的是他致力于把海关建设成为英国对华外交政策基石的抱负和野心。贸易年报的贡献在于客观记录海关专门业务的实时数据，与贸易关联度不高的涉及地区社会状况、地方政治、文化教育等归入杂论部分，篇幅都不大。十年报告几乎覆盖了海关在中国所扩张的所有领域，以征收贸易关税、监督对外贸易为核心，兼办港务、航政、气象、检疫、引水、灯塔等海事业务，还经办外债、赔款及邮政为主的洋务，从事大量业余外交活动，一期十年报告几乎详述了一个地区十年内经济社会发展的方方面面，宛如一部区域经济社会发展的百科全书。海关总税务司梅乐和不无自豪地说："历届报告，对于中国贸易、政治、交通演变情形，均有详细记载，颇为中外人士所推重。"

1890 年，赫德在第 524 号令中明确要求十年报告按照 26 个项目进行编写，以弥补年度报告的不足，每份报告可以扩充到 30 页，所以十年报告前两份成为包罗万象、无所不有的地方经济社会发展的概览。鉴于前几份报告对各港口已经进行了综合性描述，1910 年，安格联要求注重一个地区的物质和精神的进步，特别强调报告格式要结构简明，叙述精要，不得加以随意评论。从第三期十年报告开始，报告类目由 26 项减少到 21 项。主要内容包括贸易与运输业，收入，鸦片，货币和金融，人口，水路、港口、水道，航标灯及助航设施，邮政和电信，行政，司法、警察和监狱，农业，矿藏和矿场，制造业，铁路和公路，教育，市政与卫生，流动人口，价格与工资，灾荒、洪水、瘟疫、霍乱和其他地方性疾病，陆海军沿革，出版等。

1930 年 11 月，海关总税务司梅乐和发布第 4133 号令，对十年报告的编写内容形式和具体分类再作调整，从原先的 21 项进一步减少到 17 项。包括贸易：汇兑涨落之影响，国币销售情形，抵制外币情形，人民需要之变迁，贸易方法之变更。航业：汽油船及电船进展情况，环游事业，轮船及汽艇交通发达状况。关税：金单位之施行，关税自主后关税增加及附加税征收情形。金融：国币及省币之变迁，钞票之流通，造币厂状况，华侨汇款，金本位外币、辅币。农业：新式农业机器之采用，耕种新法，畜牧事业，肥料，农业掺伪影响中国出口贸易情形，造林。工业：货价与工资、工会、罢工，采用洋式机器，仿制洋货、改制旧法制造土货情形。矿业：新矿业发展情形，运输方法。交通：铁路、公路，汽车运输，航空、邮政、电报、电话、无线电。航行设施：港口及水道疏浚情况。地方行政：省政及市政，收回租界情形，厘金及其他地方捐税。司法与公安：领事裁判权，会审公廨之取消，法律与公安。军事：陆海军之变迁。卫生：医院、医业，免费种痘及注射，时疫，卫生行政、检疫、新式沟渠、扩展街道、公共饮水问题。教育：大学及国立学校之增设，取缔宗教课程之影响，共产主义宣传之发现。文艺：新闻纸及定期刊物，印刷所之增加，宣传。人口：移民、旱灾、水灾、人口统计。治安：私运、海岸巡防，盗匪。

《江汉关十年报告（1882—1931）》总体上反映了总税务司对报告的写作要求和写作逻辑，遵循海关内部管理规范，以外国人的视野、以年度报告的数理统计为基础，以外籍人士的大量调查、实地考察，包括游记、国内权威统计出版物等为支撑，以进出口贸易为核心，旁及政治、经济、社会、文化、教育、军事，构成这 50 年汉口经济社会发展的简明通史。

二是精度。汉口在近代虽然贵为华中大埠，但留下的记载并不多。近人王葆心也感叹，上海“因淞沪大埠，自来记述良多，且云间一郡，明季清初，此类记乡土里俗之书尤多，美备之余，无庸赓述。汉口则记者寥寥”。最具有代表性的几部史著，如范锴的《汉口丛谈》对汉口商贸繁盛多轻松写意的素描，“十里帆樯依市立，万家灯火彻夜明”。王葆心的《续汉口丛谈》谈及晚近的汉口也只是给人们一个大致状貌，“甲辰以后，京汉火车通，又变东西泽国交通之势，为南北陆地交通之势。而有清一代汉市之愈推愈广，日衍日奇，其大概视此矣”。十年报告保持了西方近代以来占据统治地位的科学主义传统，数理统计在解释社会现象中逐渐被奉为圭臬。50年间，尽管写作要求有变化，但每个分项尽量用数据、用调研报告说话。粗略统计，江汉关五个十年报告所附翔实表格分别为3、15、7、10、13幅。除第一个和第三个报告略少一点外，其他都在10个以上。十年报告完全以数据记述汉口开埠以后进出口贸易的成长，1882—1891年汉口的贸易净值年均还徘徊在洋例36000000两左右，1912年贸易总值创纪录地超过了155000000两，1919年再创新高，达到227500000两。进入20世纪20年代，汉口对外贸易进入一个新的平台，1924年贸易总值冲高至关平银340060101两，除1927年时局动荡略有下滑，一直到1929年持续保持在3亿两以上，1928年一度摸高377504295两，接近4亿两的关口。

传统史学以文学的笔触反映事物的现象，十年报告完全用数据记录城市生长的年轮，从量的积累中，我们看到城市的一步步成长。一些记述之精确，逐步成为行业规范性的制度，如水文记录。关于1931年大水，对高水位持续时间的记载，详细到了天数、时辰。如最高纪录53.65英尺，从晚上九点到次日凌晨。53英尺有8天，52英尺有9天，51英尺有30天，50英尺有45天，49英尺有56天，48英尺有61天，47英尺有67天，46英尺有77天，45英尺有84天，40英尺有108天。

三是深度。述而不议是总税务司对报告写作的总要求，由于报告涉及面太广，如果就每个方面展开论述，这不是一个30页左右的报告所能完成的任务。因而，有研究者认为，报告记述多，对很多问题展开研究少而成为美中不足。实际上五个十年报告由于参与写作人员的水平参差不齐，不同税务司关注的重点不一样，不同报告质量有好有劣。有的兼顾面，但照顾到了重点；有的报告可能流于一般的事物描述。但把几个报告放在一块来研读，在对一些问题的记述上是有深度的。汉口茶叶进出口成为《江汉关十年报告（1882—1931）》始终关注的一个主题。茶叶是汉口对外贸易的大宗产品，汉口茶市的兴盛让汉口获得“茶叶港”的美誉。但茶叶出口从 19 世纪 80 年代开始走下坡路。对于茶市下行的路线，作者既铺陈事实，也分析原因，让我们比较全面了解了汉口茶叶陨落的大致轨迹。1892—1901 年的十年报告指出，30 年前，中国提供了世界茶叶消费量的 86%，现在只有 25%。原因在于印度和锡兰茶的竞争，这是由于他们茶叶的特性所决定的，印度和锡兰茶融水量大，大面积种植，机械制作，且价格低廉，适宜英国产业工人的低消费。但这期间中国砖茶还牢固占据着俄国市场。为扭转中国茶叶出口的不利局面，1902 年，清政府采取措施，把茶税降低一半，即关平银1.25两，茶叶公会规定对装箱抵汉茶叶进行抽样检查，确保茶叶质量，中国茶叶对英出口企稳。英国商务部统计，近五年间（1907—1911 年）中国茶叶从 13180000 磅上升到 24820000 磅。与此同时，印度茶从 183850000 磅上升到 187280000 磅。这十年英国茶市的最大变化是茶叶正在从奢侈品逐步变成生活必需品，下午茶成为人们生活的惯例，但中国对英国茶叶出口无可挽回地从占比 90%下降到 12%。1912—1921 年，汉口茶叶出口已经变得无足轻重。尽管政府持续做出最后努力，免除了茶叶出口税，并将厘金降低 50%，但于事无补。以红茶为例，1912 年销往其他口岸有 171500 担，1921 年只有 21000 担；绿茶和小京砖分别从 41000 担、415000 担减少到 640 担、15000 担。苏俄政权建立后，汉口与俄国商业往来受到严重影响，随着高尔察克和邓尼金反叛政权的垮台，远东茶市关闭，俄国在汉口砖茶厂关门，中俄茶叶贸易在汉口也画上了句号。

汉口茶叶的悲剧，报告的不同作者作了初步分析，除了印度和锡兰茶的特性之外，中国茶叶与市场和现代种植技术脱节也是成因。我们是一家一户小规模种植，别人是大规模种植；我们按传统的种植和制作技术，别人已经采用现代科学种植和机械制作；在销售环节别人已经开展质量检查和验证确保质量，我们经常出现产品掺假，以劣充优；加上宗主国对殖民地特殊的关税政策，让中国茶具有的天然优势在各种不利环境的加持下黯然失色。

四是维度。作为观察了解近代汉口重要史籍的《汉口丛谈》《汉口小志》《续汉口丛谈》《再续汉口丛谈》，把注意力放在城市历史沿革考证、舆地、历史、人文、灾变、市井等，十年报告则以对外贸易为主轴，兼及工业、城市建设、城市管理、城市生活、城市文化，更多地把目光投向伴随工业化带来的城市进步。正如第一个十年报告所预言的那样："展望下个十年，我的观点和论述汉口贸易是一致的。这就是，发展是不可阻挡的，随着时间向下个十年推进，人们将会发现：1901 年比 1891 年好，1891 年要强于 1881 年。"第二个十年报告用大量事实证明了这个结论，同时乐观地认为，"不仅汉口，而且湖南、湖北两省在不远的将来都会有一个长足的发展。各种敌视障碍已经扫清，前进的步伐已经迈出"。执笔人税务司作为西方人，他们尽管心存西方中心主义，抱有对共产主义的偏见，在他们的观察中，他们认为汉口这个开放口岸充满活力，充满自我修复能力，虽然面对战争、大火、洪水等诸多不利因素，但是发展进步成为时代主轴，笔端流露出的是他们对这座城市的期待和信心。

汉口开埠前，内河航运是这一地区的主要运输业态，汉口成为对外通商口岸后，长江航运逐渐成为运输的主通道。在第一个十年报告里，我们还能观察到木材运输的自然状况：瑶族人居住地的树木砍伐后被编成木排，顺流而下，在洞庭湖过冬，开春之后，重新整编，放排进长江。1890 年，进出汉口港的轮船和货船总吨位是 1226980 吨，主要进出口产品是茶叶。到第二个十年，进出汉口港的船只总吨位达到可观的 18273000 吨，船只载货主要变成了燃油和棉纱。运输业领域的革命，汉口向世人展示的是一幅热气腾腾的工业化图景。

如果说进步是这五十年城市历史的主旋律，那么工业化则是推动历史前进的原动力。到 20 世纪 20 年代，武汉轻、重工业的门类已经比较齐全，计有机器厂、钢铁厂、棉纺厂、制袜厂、蛋黄厂、压包厂、砖茶厂、肥皂厂、蜡烛厂、火柴厂、卷烟厂、面粉厂、电厂等，尤其是棉纺织业得到快速发展，7 家棉纺厂都装备了现代化机械，共有织机 3500 台、纱锭 300000 枚。

随着工业化的到来，城市空间迅速扩张。20 世纪初，一幅汉口城市不断长高长大的壮阔画面在我们面前徐徐展开，“从汉水绵延至法德租界交会处的老城墙已拆除抵法租界南端，它将被开辟为一条可通达城郊的马路”“以大智门为端点的北京路原来是条小路，现在有一段铺设得相当好。在马路边盖起了不少洋房和仿洋房”。武昌城变化也很大，一条柏油路横穿全城，城区马路已经有警察值勤，市政当局正在改善给排水设施。由于中心城区地价上涨，汉口周边遍布着工厂，从硚口的面粉厂和酿酒厂，到汉水下游的官办造纸厂和扬子机器厂。

工业革命的一个重要成果是妇女成为社会生活中的重要角色。产业置兴，尤其是棉纺织业的发展，使大量女工进入工厂，妇女地位明显改善。正如第三个海关十年报告所写到的，在工厂工作了几个月的年轻女工，与那些赋闲家中的女孩子比较起来显得更加整洁，更加聪明伶俐。就业为妇女开拓了更为广阔的生活领域，也赋予她们独立的社会地位，妇女们灵巧的双手在不久的将来会对男性社会地位提出强有力的挑战。

工业革命所带来的社会结构性变化是劳工阶级的壮大和先进思想的传播。1893 年以前，武汉还没有一份报纸。这一年，《汉报》问世。十月革命后《汉口日报》发刊。到 20 世纪 20 年代，武汉三镇有日报 12 家，发行量达 40000 份。除日报之外，还有大量出版物破茧而出，读者越来越多。1916 年，中国邮政局在三镇发行印刷品 103838 件，到 1921 年上升到 3000000 件。十年报告尽管对共产主义抱有敌意，但他们不得不承认，欧战结束后，当时最为先进的理论在俄国付诸实践，这些理论以白话文的形式广为传播，并在下层人民中间找到了肥沃的土壤。

武汉城市史研究最大的短板是史料稀缺。《江汉关十年报告（1882—1931）》编译只是开启武汉城市史研究史料收集的另一条路径，实际上海关档册中还有大量关于汉口的文献记载，另外租界区的领事报告也是一座富矿。近代汉口是一座高度开放的城市，传统典籍中对汉口极富想象和诗意的描写，只能让我们看到汉口发展的一个侧面，全面整理翻译近代外籍人士留下的丰富文献，不仅可以帮助我们解决当下史料匮乏之困，也可以让我们从一个全新的视角了解更加多姿多彩的汉口。

李　策

2020 年 12 月 10 日